東大の話し方とは？（「3・6・4」で話すしくみ）

Step1
「3つのタイプ」に分類する

論理タイプ	感情タイプ	政治タイプ

Step2
「6つのツボ」で相手が動く理由を作る

論理タイプ	メリット（費用対効果）	一貫性（過去とのつながり）
感情タイプ	本音（素直な感情）	一体感（あなたと私は仲間）
政治タイプ	みんな（みんなの意見）	権威（あの人の声）

Step3
「4つの枕詞」を使って伝える

太陽メッセージ（ポジティブな言葉で切り出す）	相談モード（相手の力を借りる）
限定（「… せる）	NOキャンセリング（想定される断り文句を打ち消す）

「3

決断するとき

→ …意見が強い → …ているかが大事 → 論理タイプ
- 「結論は」「理由は3つ」など情報整理が得意
- 原則や整合性を重視する
- 一見クールでドライ

→ …意見が強い → 好きか嫌いかが大事 → 感情タイプ
- 「すごい」「～な感じ」など感覚的表現を使う
- 好き嫌いや感情を出す
- 正直でオープン

→ 自分の意見が弱い → 政治タイプ
- 「○○さんは」など第三者を気にする
- 順位やブランドを重視
- 意見表明のリスクを回避する

「口ベタ」でもなぜか伝わる
東大の話し方

TORiX株式会社
代表取締役
高橋浩一

ダイヤモンド社

プロローグ

「東大」の人はなぜ人を動かすのがうまいのか？

「なんであの人は口ベタなのに、気づいたら自分の思い通りにコトを運んでいるんだろう」

東大に入ったとき、僕はいつもそう思っていました。

東大生といえば**立板に水**のように話し、**鋭い切り口で相手を説き伏せ、思い通りに他人を操る……**。そんなイメージがありました。でも実際に入学してみると、周りは僕同様口ベタで、話が上手でない人がたくさんいました。

にもかかわらず、思い通りに物事を進めている人が多いのです。

「東大」どころか人と話せなかった僕

僕は小さいころから他人と話せず、小学校では1日中、隣の席の子と会話ができませんでした。

「もし変なことを言って、機嫌をそこねてしまったらどうしよう」

そんな不安でいつも頭の中がいっぱいなのです。

消しゴムを忘れた日なんか大変です。「消しゴム貸して」の一言が言えず、書き間違えたページの角を折って、帰宅してから消す……そんな暗い子どもでした。

お願いごとが苦手な僕の根っこには「拒絶されることへの恐怖」がありました。

人と話すたびに、緊張のあまり顔が真っ赤になってしまう僕についたあだ名は「モモちゃん」。当時の小学校では、６人１組で給食を食べていたのですが、同じグループの子たちは「モモちゃんゲーム」なるものをはじめました。

人と話すだけで顔が真っ赤になる僕に対して、「ねえねえ……うわー、モモちゃんになった！」のように、突然話しかけて、「何秒で僕の顔を真っ赤にできるか」という遊びです。

そんな僕が、多少なりとも人と話せるようになったのは、高校生になり、飛び込み営業のアルバイトをするようになってからでした。「学校の外でたくさんの人と話すことで度胸がついたら……」そんな思いでこのアルバイトを選んだのです。

対人恐怖症の僕にとってラッキーだったのは、ここでたくさんの見知らぬ人と話すのが「ちょうどいい練習」になったことです。学校の友達と話すことがままならなかった僕だからこそ、試行錯誤を繰り返していくプロセスは楽しいものでした。

するといつしか、歩合制の給料は上がり、ファストフード店で働く同級生より多くのバイト代をいただけるようになっていました。人と話せず**「人生、お先真っ暗」**と思っていた自分が、はじめて手にした成功です。

このとき僕は少しだけ、「話す」ことに興味と自信を持ちはじめました。

僕が「東大」を受験したわけ

高校に入学して以来、アルバイトに打ち込んでいた自分を待っていたのが**「受験の現実」**です。

入学当初は悪くない成績だったにもかかわらず、気がつくと僕は**クラスでビリから2番目**にまで成績が落ち込んでいました。高校3年生の夏休みに予備校の全国模試を受けると、（100点満点中）**地理が8点、世界史が12点**といったレベルです。これはなんとかしないといけません。

僕は、残りの時間をすべて勉強にあてようと一念発起しましたが、暗記する量が多い学校はとても太刀打ちできないと思いました。

そこで僕はイチかバチか、暗記ではなく論述問題が多い**「東大」を志望校に設定す**ることを決めました。

東大の入試は、一つの科目が100〜150分と長時間で、**論述問題が中心**です。この試験では出題者の意図を読み取り「何が求められているのか？」を的確に書けなければ合格できないと言われていました。つまり「私は問われているポイントを理解していますよ」と採点者に伝えるべく、**出題者の意図を汲み取り、ゴール（合格）から逆算して、相手が求める言葉を、ツボを押さえてわかりやすく伝える**ことが必要でした。

問題の一つひとつはむずかしいので、合格者でも正解を完璧に書ききれる人は多くなく、また**本筋ではないことを書くと「減点」される**とも言われていました。

ですから受験生は完答を目指すより、出題者の意図を汲み取り、**「減点」をくらわないよう気をつけながら「部分点を稼ぐ」**というのが基本戦略になりました。

「知識」をひけらかしても意味はない

解答用紙にはマニアックでむずかしい知識をたくさん書くよりも、**「教科書の内容を深く理解し、基本パターンにのっとって書く」**ことが求められます。

たとえば英語の試験も単語や構文は中学生レベルで十分で、「私はむずかしい単語や奇抜な構文を知っていますよ」と、下手に知識をひけらかすような解答を書こうものなら、ちょっとした間違いで減点されたり、点がぜんぜんもらえない、ということも起こりえました。

そこで僕はひたすら過去問を解きながら、**「出題者の立場に立って」「ツボを押さえた言葉を基本パターンにのっとって」「地雷を踏まないように（減点されないように）」**書く練習を繰り返しました。

この3箇条を書き出した紙を机に貼りつけ、意識し続けた結果、なんと僕は志望校である東大に現役で合格することができたのです。

「東大生」はみんな口ベタ!?

東大に入ってみると、ここでも授業で**単位を取るための「基本戦略」**があることに驚きました。

一つ上の先輩が、「この授業の教授は仏のように優しいが、テストでは◯◯◯を押さえないと単位がもらえないよ」と、試験対策を教えてくれるのですが、このとき先輩から配られた紙には、**「教授のタイプ」「押さえるべき要素」「踏んではいけない地雷（減点ワード）」**が一覧になっていました。

なんだか、この3点セットは入試と似ていると思いました。でも考えてみれば、入試問題は教授が作るわけですからたしかにそれも納得です。

東大では先述した通り、小中高時代にいた「コミュ力」の高い人の割合は減り、どちらかというと僕同様、**人と話すことが苦手**で**口ベタ**な人が多くいました。

ただ東大生は話すことはうまくないものの、発言がわかりやすくて、人を動かすのがうまいのです。

「私の意見は○○○です。なぜかというと……」「世の中ではこのように言われていて……」と、説得力があり、相手から強引に「イエス」を勝ち取るというよりは、ここでも入試のテスト同様、**「断られない」「ノー」と言われにくい（減点されにくい）ツボを押さえた話し方**を自然とやっているようなのです。

最近では、テレビやＹｏｕＴｕｂｅで、奇抜な言動をする東大生が面白おかしく伝えられることもありますが、実際の東大生はいたって「普通」な人がほとんどです。

ただ、東大生は**「相手や場の状況に合わせて」「相手がほしい言葉を基本パターンにのっとって」「地雷を踏まず、減点されない形で（ノーと言わせないスタイルで）」伝えることで人を動かす**ことが身についているようなのです。

これは余談になりますが、僕は東大で**テニスサークル**に入りました。

攻撃的でかっこいい他大学のテニスに比べ、東大はここでも「守り」で試合に勝っていました。東大のテニスは「ミスをいかに少なくするか」が勝負で、ショットはスピードよりも、失敗しないかどうかという「確率論」を大事にしていました。

ですから練習の時間でも、相手のタイプ分析を行いつつ、アマチュアテニスの「確率論」を押さえ、「派手な技術よりも堅実な守りを」「ミスをしないように」徹底して練習しました。こうして大学卒業の最終年、僕はレギュラーで出場した関東の団体戦で準優勝を収めました。

このように東大生はさまざまな場面で、相手のタイプを見極め、目的やゴールから逆算した形で、限られた基本パターンにのっとって、どうすれば相手から減点（ノー（NG））を食らわず「イエス」をもらえるかを考える「しくみ」を実践することで、成果につなげていることがなんとなくわかってきました。

こうした環境の中、僕はなんとか東大を卒業し、社会に出ることになったのですが、そのころには他の東大生同様、口ベタではあるものの、相手を動かすための話し方が少しずつ身につき、実践できるようになっていました。

「しくみ」を使えば誰でも話せる

僕自身にとってこの「しくみ」は、対人恐怖症や入試といった壁を越えるだけでなく、**人生を変えるぐらいのインパクト**がありました。

僕は大学を卒業して社会人3年目に、3人の仲間で起業しました。6年経ったころには、日本を代表する大手企業からの受注を重ね、従業員は約70名。年商は10億円近くまで伸び、僕は副社長の立場を務めていました。

最初に起業したこの会社は、軌道に乗ったところで経営をバトンタッチし、僕は次に**「営業コンサルティング」**の会社をはじめました。このころには「話す」ことに自信を持つようになっており、**お客様から「イエス」をもらう仕事において、かつての僕同様困っている人たちの役に立ちたい**と思ったからです。

もともとは話しベタだった僕ですが、「①相手のタイプを見極め」「②相手が求める言葉（相手がイエスと言って動く言葉）を基本パターンにのっとって」「③地雷を踏まないように伝える」という**東大で培った「話すしくみ」**は、**営業の世界でも驚くほどの力を発揮**しました。

その結果、僕は**コンペ無敗を8年**続け、今では世界や日本を代表する企業から依頼をいただき、**4万人以上の営業パーソンに支援**をするまでになりました。

「東大の話し方」とは？

もうお気づきかと思いますが、僕が発想した人に動いてもらうための**「東大の話し方」**はこうです。

①相手のタイプを見極める
②相手の「ツボ」を押さえながら相手が動く〝理由〟を作る
③地雷を踏まない（NOを食らわない）よう伝える

この3ステップの根幹にあるのは**「相手の脳ミソに逆らわない話し方をする」**というものです。

東大を受験するときも、単位をもらうときもいちばんキーになったのは、**「出題者や教授が何を大事にしているかを想像し、相手から『ノー』を食らわないようにするには、何をどう伝えればいいかを考える」**ということでした。

この**「客観的思考力」**を武器にした「話し方」が、僕の人生を変えました。

僕は仕事だけでなく、プライベートにおいてもこの「しくみ」を使い、話し方を工夫したことで、家族や友人とのコミュニケーションも、すっかりラクになりました。

気がつくと、この「しくみ」はもはや無意識で使っているレベルになり、人と話すことへの恐怖心も薄れていました。

人とうまく話せなかった時期、**「僕にはコミュニケーションのセンスがまったくない。自分はなんてダメな人間なんだ……」**とずっと悩んでいました。

でも、コツをつかんで自信をつけた後は、むしろ**「もともと口ベタだった僕だから**

こそ、残された方法（＝「しくみ」の存在）に気づくことができた」と思っています。

もし自分がスラスラ人と話せるようなセンスやスキルを持っていたら、「しくみ」の存在に気づくことなく感覚だけで話していたと思います。

「生きるため」の話し方の技術

もちろん、「しくみ」を使えば人から常に「イエス」と言ってもらえるほど人生は甘くありません。でも、**コミュニケーションの悩みが深かった僕にとって、この「話すしくみ」の発見は、自信をつける大きなきっかけになりました。**

僕がお伝えしたいのは、「どんなにコミュニケーションへの苦手意識を持っていても、この『しくみ』を身につければ、相手に動いてもらう話し方はできる」ということです。

この本は**「人に嫌われるのが死ぬほどこわかった」**僕のような人間が発想した、**「生きるための伝え方のコツ」**を解説した本です。

だから話すことに苦手意識があって、人から**「何を言っているのかわからない」と言われる人にこそ、ぜひこの本を読んでもらいたい**と思っています。**自信がつけば、世の中はガラッと変わって見えます。**

本書があなたにとって「人生の選択肢が広がるきっかけ」になれば、これほど嬉しいことはありません。

2023年1月

高橋　浩一

第1章

相手の〝脳ミソ〟に逆らってはいけない

「東大の話し方」

第2章

口ベタでもなぜか人が動いてくれる「東大の話し方」とは？

第3章 「東大の話し方」 相手を「3つのタイプ」に分類する

第4章

「東大の話し方」「6つのツボ」で相手が動く〝理由〟を作る

第5章

「東大の話し方」「4つの枕詞」を使って伝える

第6章

「東大の話し方」実践編

第1章

「東大の話し方」

相手の〝脳ミソ〟に逆らってはいけない

毎日は「他人へのお願い」であふれている

僕たちの毎日は「人へのお願い」であふれています。


「もっと家事をやってほしい！」

「そろそろ、テスト勉強をはじめてほしい」

「デートに行ってほしい！」

「窓側の席をお願いしたい」

「なるはやで修理をお願いしたい」


職場でも同じです。

「人を増やしてほしい」
「資料をわかりやすく直してほしい」
「会議で意見を出してほしい」
「ヒアリングに協力してほしい」
「自社の製品を導入してほしい」

そういえばある本に「仕事時間の4割が人を動かすことに使われている」[※]と書かれていました。これが本当なら僕たちは「他人を動かさずには生きていけない（食べていけない）」ことになります。

僕のような対人恐怖症の人間は、そんな人生、考えただけで気が重くなってしまいます。でも、現実問題として人とかかわって生きている以上、これを避けては通れません。

（※）ダニエル・ピンク『人を動かす、新たな3原則　売らないセールスで、誰もが成功する！』

「他人にお願いできない」という悩み

「プロローグ」でもお伝えしたように、僕は人から嫌われるのを恐れるあまり、**人を頼れず「他人にお願いすることに苦痛を感じる」**人間でした。

勇気を振り絞ってお願いをする覚悟を決めても、最初のセリフが思い浮かばず、**「断られるのが怖い」不安が先に出ます。**

「気を悪くされるのは避けたい。この頼み方で大丈夫なんだろうか？」

「負担がかかることを頼んだら、迷惑じゃないだろうか？」

そんな思いが、グルグルと頭の中を回るのです。

直球でズケズケお願いしても、許されるキャラクターの人も中にはいます。そういう人を見るたびに、素直に**「うらやましいな」**と思います。

でも僕は、他人ともめるくらいなら**「自分でやったほうがまし」**と考えがちで、油断をすると一人で色々、抱えこんでしまいます。

ただ、どうしても誰かに動いてもらわないといけないときはあるもので、そういうときは言葉を尽くして、なんとかお願いを伝えようとするのですが、すると今度は**「がんばって話せば話すほど、なぜかうまく伝わらず、結果、動いてもらえない（お願いをきいてもらえない）落とし穴」**が待っていました。

がんばっても伝わらない3つの「落とし穴」

「がんばっても伝わらない落とし穴」は無限に存在するわけではありません。

それには大きく３つありました。たとえばの話で言えばこんなケースです。

落とし穴①　「正論」が相手に響かない

日頃から「うちの会社はムダが多くて非効率」と感じていたので調べてみると、お手頃価格のＩＴツールが見つかりました。「これを使えばみんなの仕事がラクになる！」。非効率なやり方が変わらないのはナンセンスだし、コストは一人あたり月数百円、部長が決裁できる金額だ。導入しない理由はない！　そこでこんなふうに提案します。

「部長、提案があります。今、当社の業務はムダが多くて非効率です。そこで、導入いただきたいツールがあります。メリットは3つ。1つ目は現状のムダへのみんなの不満が解消できること、2つ目は確実な効率化が見込めること、3つ目はコストが手頃なことです。ご検討ください！」

断られるのが恐い人は、ロジックをしっかり組み立てます。なぜなら**正論なら人は動いてくれると思うから**です。でも、こんなにロジカルな提案にも、部長のＯＫはなぜか出ません。落とし穴に直行です……。

落とし穴②　あせって決断を迫りすぎて伝わらない

他社に真似できないユニークな新製品を開発。今、導入するとおトクになる期間限定のキャンペーンもスタート。昔の僕がこのメーカーの営業マンなら、喜んでこんなふうにお客様へ提案したかもしれません。

「業界初の画期的な新製品が出ました！（〜言葉をつくした商品説明〜）このようにとてもいい商品です！　今週でしたら期間限定で30％おトクになります。ぜひ今、導入をご検討ください！」

でもお客様からは「すぐには決められないので社内で検討します」とつれない返事。ただ、せっかくのいい商品、大事なお客様にこそ得してほしい。そこで「台数も限られますし、キャンペーンもあるのでぜひ今！」と、再度、お知らせをしてみます。でもお客様は変わりません。決めきれないお客様にその後の状況確認と、キャンペーンが終了するお知らせをしても、「まだ社内で議論しています」と先のばし。そしてキャンペーン終了……。やっぱり落とし穴に直行です。

落とし穴③　「情熱」がカラ回りする

いつものメンバーで月に1回の定例会食。お店予約を担当する持ち回りの幹事役が回ってきたのでネット検索をしていると、ちょうど1か月後の週末だけ、大評判のレストランがピンポイントで空いているのを見つけます。予約が取れない高級なお店、お値段もかなりのレストランですが、逃すのはもったいない。さっそくメンバーの説得にかかります。

「大評判のレストラン、1か月後のこの日だけ空いてるんだ。有名店で修業したあの○○シェフがやってるお店で、口コミを見るともう、めちゃくちゃすごいんだよ。オーガニックの野菜にこだわっていて、オニオンスープがスペシャリテ。調味料も厳選していて塩はゲランド産しか使わないんだって。めったに予約が取れるお店じゃないのにこれは奇跡。だから来月はこの店にするのはどうかな！」

でも、予約が取れない高級レストランにそこまで関心のないメンバーは、この奇跡にピンときません。「えっ、いつもみたいな居酒屋でいいよ。値段も3倍はするし、もっと手頃な値段のところがいいんじゃない？」。言葉を尽くし、情熱をもって伝えたはずなのに、そんな思いも空回り。ここでも落とし穴に直行です……。

なぜあなたの「お願い」は聞いてもらえないのか？

がんばってもお願いを聞いてもらえない、動いてもらえない……。

こんなにツライことはありません。多くの人はそれを**「自分の説得スキルが低いからだ」**とか**「相手がわからず屋だからだ」**と考えがちです。でも事実はそうではありません。実はこれ、**自分の話が相手の脳ミソと「ズレ」ているのが原因です。**

ゴールは「お願いを聞いてもらうこと」「動いてもらうこと」。それには自分の話を相手が受け入れ、**相手の脳ミソが「よし、それなら動こう」となることが必要**です。でも自分の話が相手の脳ミソとズレてしまい**「ケンカ状態」**になると、どんなにがんばっても、「イエス」と言ってはもらえません。

相手の「脳ミソ」に逆らってはいけない

自分の話が、相手の脳ミソと「ズレ」ると動いてもらえない。僕がこのことに気づいたのは「脳」の構造を知ったときでした。では、「相手の脳ミソとケンカする」とはどういうことか？ 久保健一郎先生監修の『ニュートン式 超図解 最強に面白い!! 脳』（ニュートンプレス）によると、人間の脳は次のようになっています。

皮質（大脳皮質）は、進化の過程で最近発達した新しい脳です。一方、皮質下の脳である扁桃体などを含む「大脳辺縁系」と、より原始的な動物の段階でつくられた線条体などの「大脳基底核」は、古い脳です。感情には、こうした古い脳が欠かせません。

つまり人間の脳は、原始的な動物の段階でつくられた「古い脳」と進化の過程で最近発達した「新しい脳」、「2つの脳」からなっているということです。この2つの脳を、各種文献をもとに僕なりに解釈・整理すると、次のようになります。

古い脳（大脳辺縁系など）

「本能」をつかさどる脳の部位。「心地いい」「不快」「怖い」など、原始的な感情をつかさどる。古い脳はヒト以外のほ乳類でも同じように機能します。動物は身の危険を感じるととっさに反応し、逃げますが、ヒトも同じように、たとえば赤の他人がいきなり自分の隣に座ると落ち着かないのは、安全でいるために身を守ろうと、古い脳が働くためです。

新しい脳（大脳（新）皮質）

「理性」をコントロールする脳の部位。知識・言語・創造・倫理などをつかさどる。人が言葉で会話をしたり、複雑なことを考えられるのは、新しい脳のおかげです。

脳の構造

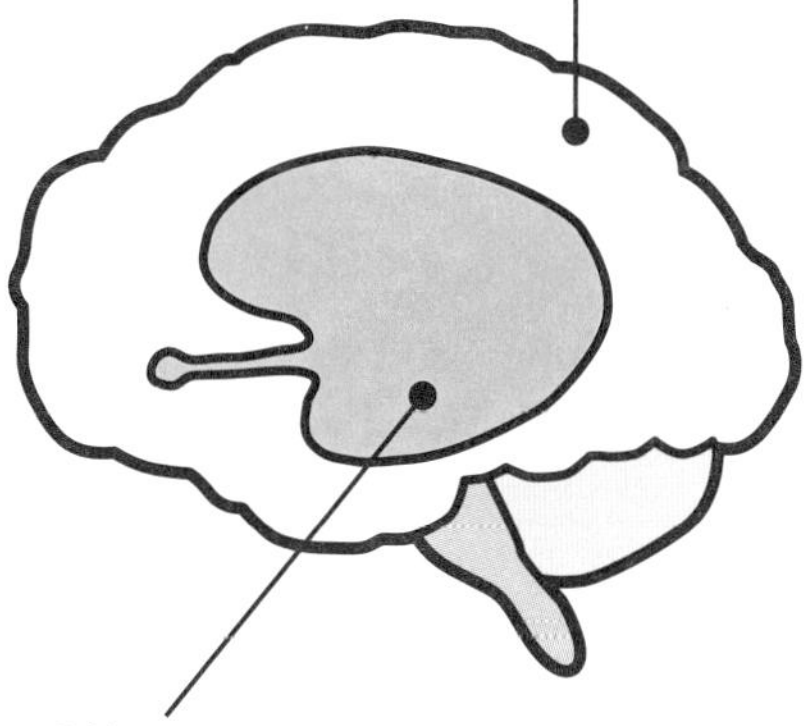
新しい脳
大脳（新）皮質
「理性」をコントロールする脳の部位。
知識・言語・創造・倫理
などをつかさどる。
古い脳
大脳辺縁系など
「本能」をつかさどる脳の部位。
「心地いい」「不快」「怖い」など、
原始的な感情をつかさどる。

自分の言葉が、**相手から反射的に「危険」と判断され、ガードされてしまうのは、「相手の脳（古い脳）とケンカ」している状態**です。

たとえば「**落とし穴①**」の「部長に動いてもらえなかった話」では、いきなり「部長、提案があります」と言われた時点で、部長としては「**むむっ！　提案？　いったいどんなことだ」と、「古い脳」が警戒モードに入ります。**

そんなところに「当社の業務はムダが多くて非効率」などと切り出されようものなら、責められている気分になり、部長は「身の危険」を感じてさらに身構えます。いったんこうなってしまったら、後に続く言葉が正論でもやすやすとは認められません。

「**落とし穴②**」の「画期的な新製品と30％オフの話」についても、「**業界初」や「今すぐ」という表現が、「リスク」を感じさせるキーワードとして、お客様の「古い脳」に警戒されてしまっています。**

「まだよくわからない新製品を買う」と決めるのは怖い。にもかかわらず相手は「今すぐ決めろ」と迫ってくる。そこで恐怖を感じた古い脳が「**勢いに流されるな！　この言葉に乗っかってはいけない」**とお客様を身構えさせたというわけです。

Todai way of speaking

脳は「つじつま合わせ」をする

相手の脳ミソとのケンカは「新しい脳」でも起こります。

新しい脳は「理性」をコントロールする部位だと伝えましたが、**この脳は自分が下した判断につじつま合わせをする特徴を持っています。**

誰もがミスや失敗をしたとき、思わず「言い訳」をした経験があるはずです。

たとえば**「ダイエットは明日から」**という言葉がありますよね。

「痩せたいから食事制限を」と思いつつ、目の前に大好きなケーキがあったら「ガマンしなきゃ」「でも……食べたい」とモヤモヤします。

多くの人は、この「モヤモヤ」に耐え切れず、ケーキを食べてしまいます。

すると「新しい脳」は自分を正当化するために、「ダイエットは明日から。」だから

今日は食べていい」と頭で言い訳することで、つじつま合わせをするのです。

他の動物はこんなことで悩みません。「理性」ではなく「本能」で動くからです。

落とし穴③の「食事会」の話も同様、「いい店が空いている」と言われても、いつもと違う提案にメンバーはなんとなくモヤモヤします。その結果、リスクを避けたい気持ちから、ひとまず「ノー」の判断を決め、後はこの判断を正当化すべく「新しい脳」が数々の言い訳をはじめます。たとえば「値段が高い」「この会で高級店に行く必要はない」などなど。こうして脳がつじつま合わせをした結果、「ノー」になったというわけです。

脳のつじつま合わせとは？

ケーキ発見！
痩せたい
モヤモヤ
モヤモヤ
でも
食べたい
食べる！
ダイエットは明日から
ってことにしよう
正当化

「新しい脳」は自分の行動を正当化するために、頭で言い訳をして、つじつま合わせをする。

「断る理由」を先に作られたら負け

新しい脳は「つじつま合わせ」の天才です。

ですからお願いごとをするとき、相手が一度「ノー」と判断したら、これを「イエス」に変えるのはかなりむずかしい話になります。なぜなら**新しい脳が「ノー」の判断を正当化すべく、断る理由を次から次へと作り出してくる**からです。

人に動いてもらうには、「断る理由」**が脳内で作られ、あなたの提案とケンカをはじめる前に、「イエス」の理由を積極的に示す必要があります。**すなわち相手の脳が「イエスにつじつまが合う状態」を先に作ってしまうのです。

落とし穴③のケースも、「今回は◯周年だし、特別な感じにするのはどうか」など先に提案できたなら脳の中でつじつまが合い「イエス」になったかもしれません。

人が「ノー」を言うときの頭の中

相手の脳ミソとケンカする、つまり相手が「ノー」を言うとき、次の2つのどちらか（あるいは両方）が起こっています。

①相手の古い脳にブロックされる地雷を踏んでいる
②相手の新しい脳に「ノー」を正当化されてしまっている

こんなときでもできる人は断られてからが勝負と言うのでしょうが、**「ノー」と言われてからそれを「イエス」に変えるには、相当タフな精神力が要求されます。**そこで**最初からノーと言われないのが、口ベタでもできる生存戦略**だと言えるのです。

人が「ノー」を言うときの頭の中

新しい提案

↓

それがどんなにいい提案でも……

古い脳　なにかひっかかる　＜ キケンだ キケンだ！

新しい脳　採用しないという自分の判断は正しい　＜ 自分を正当化

↓

「ノー」となる！

イエスの「理由」を先に作る

ノーと言われない状況を積極的に作らず、相手がいつか「イエス」と言ってくれるのを待つのは危険です。

なぜなら人は「現状維持」を望むものだからです。

人は迷ったら「動かず、今のままでいる」選択をします。

そのほうがラクで安全だと脳が判断するのです。

ですから**「相手がいつかイエスと言ってくれること」をなんとなく期待しても、望む結果は手に入りません。**相手の脳内で「イエス」になるつじつまは、こちらで作って先に伝える。相手が「ノー」の気配を漂わせてから説得にかかっていては手遅れなのです。

「断られてから」より「断られる前」が勝負

今になって思うのですが、これを僕が身をもって実感したのは、起業後の営業のときでした。

営業の世界ではよく、「断られてからが営業だ」と言われます。

たしかに、根気強く何回も粘り強く提案するのは大切なことかもしれません。

でも、一度「ノー」を言われてからそれを覆すのは本当に大変でした。

当時の僕は、新しいお客様にアポイントをいただく電話をするとき、「すでに他の会社にお願いしておりまして……」と「ノー」を言われると、「そこを何とか……」と拝み倒すしかありませんでした。これではなかなかアポイントをいただけません。

そんなある日、こんなふうに言ったことがありました。

「すでに他社さんにお願いされているかもしれませんが、もしそうならむしろちょうどよかったです。発注候補が増えれば、今の発注先に御社が有利に交渉できますし、もしも今、取引が落ち着いておられるなら、将来に向けて情報収集されるチャンスではないでしょうか？」

するとこれを伝えた瞬間から、「すでに他の会社にお願いしている」と断られる回数が一気にグッと減ったのです。

お客様からすれば、すでに他の会社と取引しているところに、営業のアプローチがくれば、**「これ以上売り込まれたくない」**と古い脳が警戒しやすい。

一方、最初に**「すでに他社さんにお願いされているかもしれませんが」**と伝えたことで、お客様の警戒がゆるみ、第一の「ノー」をかわせたのだと思います。

加えて「今の発注先に有利な交渉ができる」「新規で情報収集ができる」というメ

リットをこちらから伝えたことで、「だったら会っても不思議はない」と、お客様の中に「イエス」の「つじつま」ができたのでしょう。

このように、「古い脳」のガードを外すとともに、「新しい脳」でのつじつま合わせができたことで、僕のアポイント件数は劇的に増えたのです。

口ベタOK!「しくみ」がわかればうまくいく

相手の脳ミソに逆らわず、「イエス」の理由を先に作って伝えることの大切さはわかった。でも**「相手の脳ミソとケンカをせずにイエスをもらう言葉なんて、スッと出てくるかなあ……」**と思われた方も多いと思います。

ご安心ください。

人が「ノー」を言うことに「脳のしくみ」が関係していたように、**「イエス」をもらう話し方にも実はコツ（しくみ）があるのです。**

相手が「イエス」と言ってくれる伝え方の「しくみ」はこうです。

【STEP1】相手を「3つのタイプ」に分類する
【STEP2】「6つのツボ」で相手が動く〝理由〟を作る
【STEP3】「4つの枕詞」を使って伝える

この「3・6・4」のしくみを知れば、あなたのお願いに「イエス」で答え、動いてくれる人がかならず増えます。

第2章では僕が「東大」で身につけた、この「話し方のしくみ」について、お伝えしたいと思います。

第2章

口ベタでもなぜか人が動いてくれる「東大の話し方」とは？

「しくみ」を使えば うまくいく

「ノー」と言われる前に、「イエス」の理由を示し、相手の脳内でつじつま合わせをしてもらう。

この話し方は一見むずかしそうですが、「しくみ化」すれば誰でもできることに、僕はあるとき気がつきました。

それが先にもお伝えした「3・6・4」のしくみです。

具体的には次のように行います。

【STEP1】相手を「3つのタイプ」に分類する

【STEP2】「6つのツボ」で相手が動く〝理由〟を作る

【STEP3】「4つの枕詞」を使って伝える

この「しくみ」は先にお伝えした通り、僕が「東大」で身につけた、**生きるために必要だった話し方の技術**です。

話すことに苦手意識があったり、**人に嫌われずに動いてもらいたい**と望むすべての人におすすめできる技術ですので、どんなに口ベタな人でも、どんなシーンにも取り入れてもらえたらと思います。

ではさっそく、各ステップをご紹介していきましょう。

STEP 01

相手を「3つのタイプ」に分類する

人にはそれぞれタイプがあって、決断ポイントが異なります。
たとえば携帯電話を買い換えるときも、

①人から話を聞くのは苦痛だから、自分で情報を比較して自分で決めたい
②接客の感じがよかった人からおすすめされたものを買いたい
③自分で決めるのは不安なのでいちばん人気の機種がほしい

など、人によってさまざまです。
そこで、他人を説得して動いてもらうときはまず、「相手のタイプ」を見極め、そ

れぞれのタイプに合った**口説き文句**を考えることからはじめていきます。タイプがわかれば攻め方がわかり、「イエス」の決断をしてもらいやすくなるからです。

僕は1万人以上のお客様を分析した結果[※]、**人は「3つのタイプ」に分かれることに気がつきました。**

もちろん、「タイプに分けるだなんて、人間はそんなに単純じゃない」と思う方もおられるでしょうし、僕もそう思います。

ただ、**「人の性格は十人十色ではあるけれど、何かを決断するときには特定のタイプが顔を出す」**と僕は確信しています。

もちろん、ときと場合でそのタイプは変わりますので、タイプ分けをするときは**「今この瞬間、目の前の相手はどのタイプが顔を出しているのか」**を見極めるようにしてください。

「3つのタイプ」とは次の3つです。

（※）2022年5月、TORiX株式会社で行ったお客様1万人のサンプル調査

①論理タイプ
②感情タイプ
③政治タイプ

論理タイプ：ロジックに基づいて自分で決断する人

「理屈として正しいかどうか」を大事にするタイプの人。メリットやデメリットに敏感で、「そもそもどうあるべきか」「それは本当に正しいか？」が気になり、自分の意見を言葉で表現することが得意です。※われわれが行った調査では**判断基準が明確で、さっさと決めたい人が多い**傾向がありました。

感情タイプ：感覚に基づいて自分で決断する人

「好きかどうか」など、感情や感覚を大事にするタイプの人。感情表現がハッキリしていて、「嬉しい！」「悲しい……」など、喜怒哀楽が激しいのが特徴です。また「共感する」「共感される」ことへのアンテナが鋭く、自分が受け入れられていないと不安になります。われわれの調査※では**言語化への苦手意識が強く、やりたいことや悩みをうまく言葉にできない人が多い**傾向がありました。

政治タイプ：自分の意見を持たず人の意見で決断する人

「自分の身が安全かどうか」を大事にするタイプの人。リスクをとって行動することへの恐れが強く、「ルールに違反していないか」「上司はどう思うか」などが気になります。また自分の意見をはっきり表明することを避けがちです。調査※では**慎重に様子見をし、自分の意見は口にせず、最後まで話を聞く人が多い**傾向がありました。

口説き文句はこの3つの「タイプ」に合わせて変えることが重要です。

タイプの見分け方は第3章で詳しくお話ししますが、人に動いてもらうためには、まず目の前の人がどのタイプかを見極めることからスタートします。

（※）２０２２年5月、ＴＯＲｉＸ株式会社で行ったお客様1万人のサンプル調査

STEP 02

「6つのツボ」で相手が動く〝理由〟を作る

相手のタイプがわかったら、次はタイプに合わせて、相手の脳にブロックされずに「イエス」をもらうための「理由（口説き文句）」を作っていきます。

人は理由があれば動いてくれます。

そこでタイプ別に刺さりやすいツボ（6つあるのでその中から選択します）を押さえ、相手が納得しやすい理由を作ります。

ツボは次の6つです（このツボについては「第4章」でより詳しく解説します）。

- ツボ① メリット
- ツボ② 一貫性

・ツボ③ 本音
・ツボ④ 一体感
・ツボ⑤ みんな
・ツボ⑥ 権威

「論理タイプ」に効くツボ【メリット・一貫性】

論理タイプの人のツボは「メリット（費用対効果の高さ）」と「一貫性」です。

このタイプは「理屈が通るかどうか」に敏感なので、ロジカルに納得できる理由があれば動いてくれます。

つじつま合わせをする「新しい脳」の働きには、自らが過去に言った言葉との矛盾を嫌う傾向が強くあるのが特徴です。

そこで具体的には**「もっともコスパがいい」（メリット）**、**「先日おっしゃっていましたが」（一貫性）**などの言葉がそのツボに刺さります。

ただ、論理タイプはさっさと決めたい性質なので、だらだら話さず、客観的な情報をコンパクトに伝えるようにするのがポイントです。

「感情タイプ」に効くツボ【本音・一体感】

感情タイプの人のツボは「本音」と「一体感」です。

このタイプは「本音を言ってくれるかどうか」を重視し、相手の正直さに対して**「この人なら信用できる」と感じれば動いてくれます。**

「古い脳」は自分の身を守るために働きますが、感情タイプは特に「仲間意識」や「共感」を感じる言葉に反応しやすく、**「一人だと心細いけど、仲間がいると安心」**という感情が湧きやすいタイプの人です。

具体的には「本音」は**「実は私も使っていますが」「正直、すごくいいので」**、「一体感」は**「一緒に考えさせてください」**などの言葉がそのツボに刺さります。

「政治タイプ」に効くツボ【みんな・権威】

政治タイプの人のツボは「**みんな**」と「**権威**」です。

政治タイプは「安全かどうか」で決断するので、「**失敗したくない**」という性質を押さえることが重要です。

自分の意見を持たない政治タイプが恐れるのは「みんながしていないことをすること」です。したがって**多くの人と同じであることを意識してもらえると、古い脳の警戒が弱まり、新しい脳でのつじつまが合いやすくなります。**

ですから政治タイプにとって「**ランキング**」**の情報は見逃せないポイント**です。「1位なら大丈夫（ハズレはない）」との安心感から、動いてくれやすくなるのです。

具体的には「**みんな**」は「**みなさんこれを選んでいます**」「**これがいちばん人気です**」、

「権威」は**「業界トップのメーカーなので」「〇〇賞を受賞したので」**などの言葉がそのツボに刺さります。

以上**「6つのツボ」**を簡単にお伝えしました。

先ほどの携帯の話に戻れば、**「これがいちばんスペックが高い」**という理由が響くお客様（論理タイプ）もいれば、**「みなさんこれを買われます」**という理由が響くお客様（政治タイプ）もいますので、タイプに合わせて口説く言葉を使い分けると、動いてくれやすくなるわけです。

こうした「ツボ」は細かく分類すれば、おそらく無数にありますが、全部暗記するのは現実的ではありません。

そこで本書ではひとまずこの6つを押さえることをおすすめします。

6つであってもかなり幅広い範囲に応用がきくことは、第4章で実感いただけると思います。

STEP 03

「4つの枕詞」を使って伝える

「相手のタイプ」がわかり、それぞれのタイプに合わせた「イエスのツボ」に刺さる言葉の見当がついたら、後は**相手の脳ミソに逆らわないよう、それを相手に伝えるだけです。**

このとき一つだけ、注意すべきことがあります。それは、

地雷を踏まずに伝える話し方には「順序」がある

ということです。

ビジネスの場面ではよく「簡潔に、結論から伝えなさい」と言われます。

でも、上司にお願いする場面で、いきなり「結論から言うと、当社は非効率です。だから改善のために○○をしてください」などと言ってしまえば、相手の「古い脳」に警戒され、感情的に反対されてしまいます。

そこで僕が提案するのは、**会話の頭に枕詞をそえる**というやり方です。

もちろん、直球で伝えても相手が動いてくれると確信できるなら問題ありません。しかしそのまま伝えると、反対や躊躇をされる心配があるときは、相手の「古い脳」にブロックされないよう、この「**冒頭にそえる枕詞**」を工夫するのがおすすめです。

たとえば上司に提案するときも、「**一つご相談があります。お力をお借りしたいのですが**」という枕詞で切り出せば、上司の古い脳が警戒モードに入るのを防げます。

もちろんこの後には「提案」がくるわけですが、**一言そえてから本題に入ることで、相手も心の準備がしやすくなります**。この枕詞については「第5章」でより詳しく解説します。

お願いは「具体的」に伝える

「東大の話し方」のしくみはこれで以上です。

整理をすると**「タイプ分類」**→**「タイプ別に刺さりやすいツボ（6つあるのでその中から選択する）を押さえ、相手が納得しやすい理由を作る」**→**「理由の前に枕詞をそえて具体的な要望を伝える」**です。

要望については**「具体的に」**伝えることが重要です。

たとえば上司に、仕事の効率化を行うためのツール導入をお願いするなら、「**月末までに導入**をご検討ください」など、期限もしっかり伝えましょう。

ここで言葉尻をあいまいにしてしまうと、上司は「**ありがとう。考えておくよ**」などの一言で終わってしまって、肝心の承認まで届きません。

特に仕事で相手にお願いするアクションは、**「いつまでに」「何をやってほしいのか」を具体的に伝える**ことが重要です。

人にお願いするシーンでは**「嫌われるのが怖くて、やってほしいことを最後までハッキリ言うことができない」**という悩みをよく聞きます。

僕自身も、これに悩んだ期間が長かったのですが、「枕詞」「タイプに合わせたツボ」を活用し、「相手の脳ミソとケンカをしない伝え方」をすることで、こうした不安は薄れます。

最後は自信を持って、お願いをしっかり伝えましょう。

「東大の話し方」

相手を「3つのタイプ」に分類する

第3章

人は「3つのタイプ」に分けられる

「自分がされたらイヤなことを相手にしてはいけません」

僕たちは小さなころから、このように教わります。

これは裏を返すと**「自分がされたら嬉しいことを相手にする」**になるのでしょうか。

でも「自分の基準」や「常識」だけで、よかれと思って行動しても、相手に喜ばれないケースは多々あります。

たとえば以前、僕が社内の若手男性メンバーに、年1回の定期健診を受けてもらおうと思ったとき、こんな場面がありました。

僕　「年に1回の健診、まだ受けてないですね」
メンバー　「すみません、ちょっと忙しくて……」
僕　「忙しいのはわかるけど、法律で○○さんに健康診断を受けてもらわないと違法になるんだよ。そうなると労働基準監督署から指導を受けてしまうこともある。だから早めに行ってほしいんだよね」
メンバー　「……ワカリマシタ……」
僕　「なんだか不満そうだね」
メンバー　「いえ、別に不満なんかじゃありません……」
（僕は、後ろ向きなメンバーの反応を見て、ここで話すトーンを変えました）
僕　「君にもしものことがあると大変だし、なにより君は我が社のムードメーカーだから、元気でいてくれると僕も嬉しいんだよね。だから、早いうちに行ってくれるといいな。今月中に行けそう？」
メンバー　「わかりました！　今月中に受診します！」

僕（経営者）としては、今すぐ健診に行ってほしい。

でもメンバーは法律上の規則なんて直接的には関係ないので、会社の事情でロジカルに説得しても、気持ちよく動いてはくれません。

そこで、「そういえば、ムードメーカーの彼は感情タイプだな」と、感情に寄りそい、「君が大事だから」と説得すると、すぐに動いてくれたのです。

このケースで僕は、**「感情タイプ」の相手には論理的な説得が響かず、「感情には感情を」のアプローチが功を奏した**ことを実感しました。

僕がロジック一辺倒で動かそうとしても、相手のタイプとズレた説得では、気持ちよくイエスをもらえなかったということです。

「自分の事情を相手に当てはめると、地雷を踏むことがある」

僕は改めて、この教訓を意識するようになりました。

第3章
東大の話し方
相手を「3つのタイプ」に分類する

人によって動くツボは違います。

「タイプ」が異なるのです。

これは相手に動いてもらう話し方をするうえで、とても重要なことになります。

では、相手のタイプはどうやって見分ければいいのか?

この章ではそれをご説明していきます。

「3つのタイプ」の見極め方

本書では他人を動かすとき、まず、相手を**「3つのタイプ」**に分けることからはじめます。これはタイプ別にアプローチ方法を変えるためです。

何かを決めるとき「私はこうしたい！」とハッキリしている人もいれば、周りの意見に流されがちな人もいます。タイプ分けをするときは、まずここに注目します。

本書では、**自分の主張を強く持っているなら「論理タイプ」か「感情タイプ」**、逆に**自分の意見や主張が弱く、周囲の意見を気にする人は「政治タイプ」**としています。

「論理タイプ」か「感情タイプ」かの判断は、「理屈」で決める人か、「感覚」で決める人かで判断します。理屈派であるなら「論理タイプ」、感覚派なら「感情タイプ」です。

人を3つのタイプに分ける

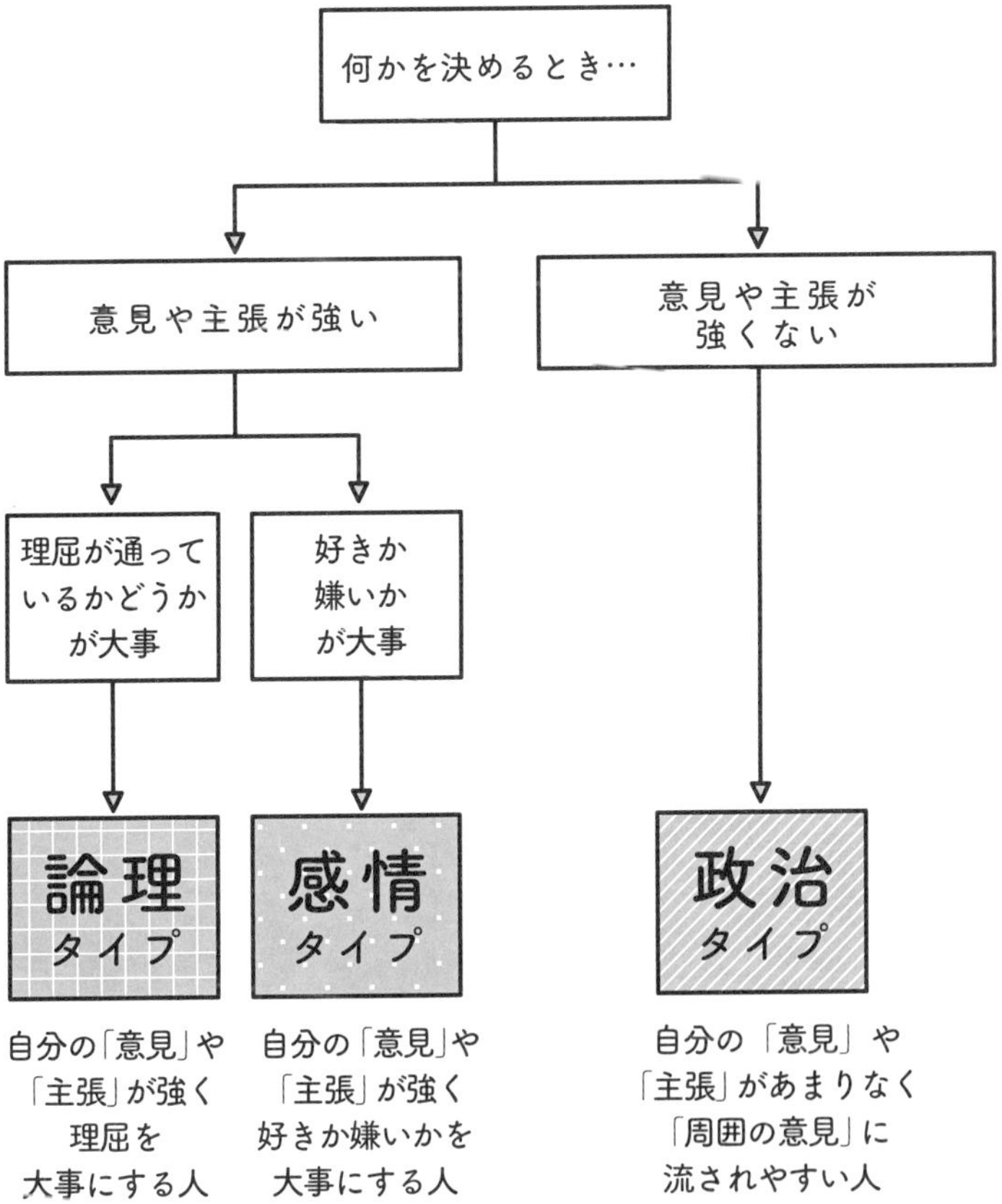
何かを決めるとき…
意見や主張が強い
意見や主張が強くない
理屈が通っているかどうかが大事
好きか嫌いかが大事
論理タイプ
感情タイプ
政治タイプ
自分の「意見」や「主張」が強く理屈を大事にする人
自分の「意見」や「主張」が強く好きか嫌いかを大事にする人
自分の「意見」や「主張」があまりなく「周囲の意見」に流されやすい人

世の中には、「タイプ分類」の考え方が数多くあります。

そんな中、本書で**「論理・感情・政治」という3タイプの分類をおすすめする理由は、何と言ってもシンプルで使いやすいから**です。

3つならいったん覚えればなかなか忘れませんし、日常生活でも仕事でも、使いやすいはずです。

ただ、先にもお伝えしたように、あくまでも人の性格は十人十色ですし、人のタイプは状況によって変わります。

ですから相手を動かそうとするときは、「人は決断のときに特定のタイプが顔を出す」というのを念頭に**「今、この瞬間、相手はどのタイプが顔を出しているか」**を見極めるようにしてください。

ちなみにこの3タイプは、僕がこれまで4万人以上の営業を支援する中で行った「お客様分析」をベースにしています。

営業は伝えるだけでなく「お客様に動いてもらって（決断してもらって）ナンボ」の世界。

僕は4万人の営業パーソンから相談を受ける中で、「人（お客様）のタイプに応じたアプローチ」を行うことのパワフルな効果を実感しました。

多くの営業は、お客様がどんな人でも、同じように話しています。

それでは人は動きません。

そこで僕は「東大」で培った**「相手のタイプに応じた」「減点されないアプローチ」**を、営業の現場に合うようアレンジして使ってもらっているのですが、**これをするとお客様に「動いてもらえる（イエスをもらえる）」確率が格段に上がるのです。**

この**「客観的思考力」をベースとした「東大の話し方」**は、営業の現場のみならず、「相手に動いてもらいたい」すべてのシーン――仕事はもちろん、家族やパートナー、友人など、幅広い人間関係の現場――で活用できる技術です。

ただ1点、ときどき**「タイプ分けがむずかしい」**という声を耳にします。

そこでここでは各タイプの特徴について、もう少し詳しく解説します。

「論理タイプ」の特徴

「論理タイプ」は、自分の意見や主張が強く、「理屈が通っているか」「正しいかどうか」を重視します。新しい脳は「理性」を働かせようとするものですが、論理タイプはこの傾向が強く、たとえば**「あの営業担当は人としては気に食わないが、製品は悪くないから買おう」**などの判断をするのもこのタイプの特徴です。

論理タイプの口ぐせ

- 「要するに」「結論は」「ポイントは」↑整理されていることを求める
- 「なぜなら」「理由は」「根拠は」「だから」「すると」↑話のつながりを求める
- 「メリット」「費用対効果」↑損得に敏感

・「そもそも」「本質的には」「〜べき」↑原理原則に立ち戻る
・「〜って言ってましたよね」「矛盾していませんか?」↑整合性を大事にする

論理タイプの特徴

・話すスピードが速い
・ロジックによる説明を求める
・数字に強い
・感情の起伏があまりない
・「正しくない」ことに出会うとイライラする

論理タイプが動くツボ

・「メリット」があると動きやすい
・「一貫性」があると動きやすい

論理タイプにやってはいけないこと

・考えがまとまらないまま、だらだらと一方的に話す
・「損している（割に合わない）」と感じさせる
・時間をムダに奪う
・大げさな感情表現で強引に動かそうとする
・中身をともなわない「形式」や「建前」を押しつける

論理タイプに言ってはいけないこと

・「まだまとまっていないのですが」
・「数字は弱いのですが」
・「とりあえず思いついたのですが」
・「なんとなくの主観ですが」
・「これは昔からの決まりですが」

論理タイプを食事に誘うなら……

「雰囲気がよくて美味しい
イタリアンの店を探したいって
言っていたけど、いいお店を
見つけたから行ってみない？」

【「一貫性」で動かす】

論理タイプ

「あのお店、味は高級店レベル
なのに1人3000円で
コスパがいいの。
行ってみない？」

【「メリット」で動かす】

「感情タイプ」の特徴

「感情タイプ」は、自分の意見や主張が強く、自分で決めたい人ではあるものの、**「好きかどうか」**や**「言葉にしにくい感覚を重視する」**点で論理タイプと異なります。

古い脳は「直感」「本能」に対して素直ですが、特に感情タイプは**共感を強く求め、相手と気持ちの面で通じ合うことを求めます。**

「察してほしい」「わかってほしい」という気持ちが強く、こちらの表情や雰囲気にも敏感に反応するので、こちらの心もオープンにしないと**「本音が見えない」「共感できない」**となりがちです。

感情タイプの口ぐせ

- 「俺は好き」「私はなんかイヤ」←好き嫌いに敏感
- 「なんとなく」「主観だけれど」「〜という感じ」←言葉にならない感覚を表に出す
- 「モヤッとくる」「ピンとくる」「ヤバい」「ガーン」←感覚的な表現をする
- 「超○○」「ウルトラ○○」←大げさな表現をする
- 「ぶっちゃけ」「実際」←本音のコミュニケーションを求める

感情タイプの特徴

- 感情の起伏が激しい
- 大げさなジェスチャーをする
- たくさんの情報や長い文章を読むのが苦手
- うまく言葉にできずもどかしそうにする
- 人に共感を求める

感情タイプが動くツボ

・「本音」が見えると動きやすい
・「一体感」を感じると動きやすい

感情タイプにやってはいけないこと

・ノリや雰囲気を合わせない
・大量の情報や文書を送りつける
・（こちらが）あまりしゃべらない
・本音を隠し、第三者の意見やロジックだけでドライに話す

感情タイプに言ってはいけないこと

・「結論から（端的に）言うと」
・「やらない理由がないでしょ」

・「お気持ちはいったん置いておいて」
・「データではこうなっています」
・「ルールなので」

感情タイプを食事に誘うなら……

「私たちはチームだから、もっとあなたのことを知りたいな。今日、一緒にランチに行かない？」

【「一体感」で動かす】

感情タイプ

「ごはんに誘いたいってずっと思っていたの。今日、一緒に行かない？」

【「本音」で動かす】

「政治タイプ」の特徴

「政治タイプ」は、自分の意見や主張を強く打ち出すことなく、「**人がどう思っているか**」や「**安全かどうか**」を重視します。自分なりの判断基準を明確にせず「**流されやすく**」「**リスクを負わず**」「**人の意見で**」**判断**します。

古い脳による「防御反応」がわかりやすく出る一方、決断の先のばしにつじつま合わせをする新しい脳の働きも強い人で、「**なかなか決めてくれない人**」に映ります。

政治タイプの口ぐせ

- 「〇〇さんは～と言っている」↑第三者の発言を引用する
- 「社長の考えでは」「世の中では」↑第三者（立場のある人）の意見を重視する

・「検討します」「考えさせてください」↑その場の意見表明を避ける
・「ランキングでは」「シェアは」↑世の中の順位に敏感
・「リスクが高い」「やめておいたほうがいい」↑リスクを取ることに後ろ向き

政治タイプの特徴

・複数の人がいるときは、発言の順番が遅め
・決断を先のばししようとする
・役職の高い人物にことさら配慮する
・言質をとられることを避ける
・リスクをおさえるための段取りを組む

政治タイプが動くツボ

・「みんな」そうだと動きやすい
・「権威」があると動きやすい

政治タイプにやってはいけないこと

・こちらのペースで早急に結論を迫る
・相手の所属組織を代表した意見を求める
・リスクに対する不安を感じさせる
・相手の評価が下がる危険を感じさせる
・感情で揺さぶる

政治タイプに言ってはいけないこと

・「今、お返事いただきたいのですが」
・「やってみないとわかりませんのでとりあえず」
・「実績はないのですが」
・「たとえ社長に反対されても」
・「こういった試みは初めてですが」

政治タイプを食事に誘うなら……

「あのお店、有名なタレントが
SNSで絶賛していた
レストランなんだって。
今日の夜、行ってみない？」

【「権威」で動かす】

政治タイプ

「あのお店、みんなに人気
らしいんだけど、
予約が取れたから
行ってみない？」

【「みんな」で動かす】

「タイプ分け」に迷ったら？

ちょっとした会話だけでは相手のタイプが「まぎらわしい」ときがあります。

「タイプ分けのむずかしさ」については、僕も感じます。

たとえば営業のとき、「**コスパがいいからこっちがいいかな。でも……こっちもなんとなく気になって捨てがたいんだよね**」と言うお客様は「論理タイプ」か「感情タイプ」か判断がつきませんよね？

そんなとき、僕はあたかも暗い海の中を光で探りながら泳ぐ「**チョウチンアンコウ**」のようになって、お客様の周りを灯りをともしながらユラユラ泳ぎ、相手を観察していきます。

このときはできるだけ自分は話さず、追加でいくつか質問するだけにとどめます。

すると相手は話をしてくれますのでそれをひたすら聴くようにする。**こうして会話を重ねていくと、だんだん相手が見えてきて、タイプが絞り込まれていくのです。**

たとえば多くの会話を重ねる中で、「こちらはコスパがいいうえに、長寿命でもあるんですよ」などといった言葉がやはり相手に響いていたらその人は「論理タイプ」、トークを重ねた末に、それでもやっぱりフィーリングを重視するなら、その人は「感情タイプ」の可能性が高いと判断します。

このように**迷ったら質問を重ねることで、相手のタイプを見定めます。**

「複数の人」を動かすコツ

チームメンバー全員を動かしたいときや、家族全員を説得する場面など、「**複数の相手を動かす場合はどうするか**」。これを最後にお伝えします。

たとえば「論理タイプ」「感情タイプ」「政治タイプ」と三者三様の3人からOKをもらいたいとき、**一度の説得で同時に「イエス」をもらうのは難易度がなかなか高い**ですよね。

そんなとき僕は、一見すると遠回りかもしれませんが、「**3人いっぺんに動かすより、1人を動かす作業を3回やりましょう**」とアドバイスしています。

まずはタイプごとに、合意を得やすい口説き文句でそれぞれの「イエス」を手に入れ、その後、3人が一堂に会したところで、最終的な「イエス」をもらうという方法です。

一方、個別のコミュニケーションがむずかしく、やむを得ず3人が集まった場で説得しなければならないときは、**その場のキーパーソンに的を絞って進めます。**

その途中でキーパーソンが「イエス」の雰囲気になってきたら、その後、他の2人に照準を定めていくのです。

一度で全員を巻き込み動かす巧みなプレゼンテーション力があればいいですが、それはそれで難易度が高いものです。

お願いごとのシーンでは、なるべくきめ細かく動いたほうが成功確率は上がります。

人に動いてもらう場面で「効率化」をしようとすると、なかなかうまくいかないことはぜひ覚えておきましょう。

第4章

「東大の話し方」

「6つのツボ」で相手が動く〝理由〟を作る

「理由」があれば人は動く

第3章では「論理」「感情」「政治」の3つのタイプについて解説しました。**タイプを取り違えたアプローチをすると地雷を踏み、「古い脳」からブロックされやすいので注意するようにしてください。**

また、相手の脳ミソとケンカをせずに「イエス」を手に入れ、相手に動いてもらうには、古い脳から拒絶されないだけでは不十分で、**「新しい脳」に「イエス」に対するつじつま合わせをしてもらう**ことが必要でした。

つじつまを合わせてもらうには、相手から「ノー」が出る前に、こちらから**「イエスの理由を作りにいく」**ことが重要です。**「断る理由を先に作られたら負け」**なのです。

そこでこの章では、「**6つのツボ（①メリット ②一貫性 ③本音 ④一体感 ⑤みんな ⑥権威）**」を使って相手が動く〝理由〟を作る方法を解説します。**人は理由があれば動きます。**ですからそこで相手の「新しい脳」につじつま合わせをしてもらうべく、自分から積極的に相手の「イエス」を取りにいく、そんな「理由作り」の方法をお伝えしましょう。

プロローグで、東大の試験は「限られた基本パターンを使いこなすこと」が求められるとお伝えしました。これは話し方も同様で、基本パターンを使いこなせば、相手に動いてもらうコミュニケーションもやりやすくなります。

話し方のパターンを無数に覚えることは現実的ではありません。むしろ、「絶対にこれだけは使いこなせる」というものを絞り込み、活用レベルを上げることが重要です。

そのためここでは、人が動くツボを6つにおさえ、「イエス」を手に入れ、動いてもらうための理由作りをご紹介していきます。

＼動くツボ／
01

人が動くツボ①「メリット」

人が動くうえで「メリット」は重要です。

これは**「動いたほうが得」、あるいは「動かないと損」という理由で相手に動いてもらうツボ**になります。とりわけ、このツボが刺さりやすいのが「論理タイプ」。たとえばこんな言葉で動かします。

「これがいちばんコスパがいいから」

「今買うとおトクだから」↕「今買わないと損だから」

「あなたの将来に役に立つから」

「今、宿題をすれば、夜はゲームができるから」

ここで大事なのは、**自分ではなく相手にとってのメリットを伝える**ことです。

たとえば論理タイプの部下を動かすなら、「会社の売上増につながるから」「（上司の）自分が助かるから」はNG。そうではなく、**「あなたにとってトクだから」**という、相手にとってのメリットを示しましょう。

また、「動かないと損」というのも、メリットにつながる一つのアプローチであることは押さえておきたいところです。

明らかなメリットがすぐ見つからないときは、絶対的なメリットというよりも、**「考えようによってはメリット」「比べたらおトクに感じる」**というレベルまで幅を広げると考えやすくなります。

また「イエス」と言ってもらうことを前提に、「悪くない選択肢」を2つ用意し、どちらか選んでもらうのも作戦の一つです。たとえばこんなイメージです。

「3か月で5%割引と6か月で10%割引のプラン、どちらがよろしいですか？」

「国語と算数、ラクにできそうな宿題からはじめてみようか？」

動くツボ

02

人が動くツボ②「一貫性」

「一貫性」は「整合性が取れていること」「話がつながっていること」を意味します。

要するに過去と矛盾がないことですが、このツボで動かすのに向いているのも「論理タイプ」。たとえばこんな言葉で動かします。

「いただいたコメントにそって修正したので（承認お願いします）」

「『軽いものがいい』とのことでしたので（こちらはいかがですか？）」

「以前うかがったニーズを解決した商品なので（買ってください）」

「結婚前、家事は分担しようって言っていたから（お皿を洗って）」

「志望校に合格したいって言っていたから（勉強しよう）」

これは過去の発言との矛盾がない理由作りをするものなので、こう言われると特に論理タイプは「ノー」と言いづらくなります。

ただし「過去の発言」という動かぬ証拠を押さえることで、相手は「**言質（あるいは揚げ足）をとられた**」と感じて反発を招くリスクもあります。「一貫性」のツボは、場の雰囲気や人間関係を見ながら使うようにしていきましょう。

＼動くツボ／

03

人が動くツボ③「本音」

こちらの「本音」を明かすことで、共感を生んで相手を動かす。

このツボで動かすのに向いているのは「感情タイプ」です。

ただ「本音」と言っても、相手に敵意をぶつけたり、本音を言ってケンカを売ることではありません。あくまでも「相手といい関係を築くために本音を明かす」ことが重要です。たとえばこんな言葉で動かします。

「実は御社のファンなので（ぜひお取引をお願いします）」

「一個人としても、これがベストだと思うので（この案でいかがですか）」

「ＯＫいただけたらすごく嬉しいので（ご検討お願いします）」

「あなたのことを本気で思っているから（聞き入れてほしい）**」**
「すごく期待しているから（がんばってほしい）**」**

このツボを使うときは、素直な感情をオープンにさらけ出すことが大切です。**裸の感情が相手の「古い脳」へダイレクトに響くからです。**

ただしあなたの言葉と、あなたの（表情や仕草の）雰囲気にギャップがあると、逆にマイナスになったり、ウソっぽく見えてしまうおそれがあります。

「**正直に向き合う**」ことはどんなときでも大切ですが、**とりわけ「本音」のツボは打算的に使わないよう、注意することが必要です。**

＼動くツボ／

04

人が動くツボ④「一体感」

相手との「**一体感**」で動いてもらう。このツボに向いているのも「**感情タイプ**」です。多くの動物は「群れ」や「集団」で行動する本能があり、人間も社会生活を営んでいる以上、その例外ではありません。「一体感」で他人を動かすときは、こんな言葉で動かします。

「**私たちはチームだから**（この仕事を一緒にがんばろう）」

「**一緒に理想の姿を創りたいので**（この提案をご採用ください）」

「（私も資料を作りますので）**一緒に社長に提案しましょう**」

「（お父さんも自分の勉強をするから）**一緒に勉強をがんばろう**」

「二人の問題として考えたいから（お願いを聞いてほしい）**」**
「一体感」はお互いの結びつきから生まれますので、「一緒にいい関係を築きたい」という前向きな気持ちが強いほど、説得力が増します。

一体感のツボを使うときは、「本音」のツボと同様、「自分の都合のために相手を利用しよう」という下心があると、相手の「古い脳」に敏感に察知されてしまいますので、**「とってつけたようなチーム意識」にならないよう注意しましょう。**

＼動くツボ／

05

人が動くツボ⑤「みんな」

「みんなの意見」を、水戸黄門の印籠のごとく提示するこのツボで動かすのに向いているのは「政治タイプ」です。

「政治タイプ」は安全志向で慎重な傾向が強く、リスクの有無を気にしますから、「みんなの意見がそこにある」と相手のリスクは軽減されます。そこでこんな言葉で動かします。

「これが人気NO．1なので（ご検討ください）」

「これがもっとも評価の高い企画なので（ご採用ください）」

「すでに同業他社も使っているので（ご導入ください）」

「最近は『料理する夫』が人気だから（あなたにも料理をしてほしい）」
「口コミの評判がいい人気店だから（この店に行かない？）」

世の中全般を「みんな」と言う場合もあれば、身近なサンプルを「みんな」と言うこともありますが、**いずれにせよここでいう「みんな」が、相手にとって意味を持つ集団になっていることが重要です。**

たとえば子どもが親におねだりするとき、「○○くんのおうちもこのゲームを買ってもらったんだって」と言っても、「よそはよそ。うちはうち」と、親がたしなめる場面があるように、こういうときは友だち一人の名前だけではなく、たとえば親同士が仲良くしている複数の友だちの名前をあげるなど、相手にとって影響力が強い「みんな」のサンプルをあげられると、相手はこれを無視しきれません。

「みんな」は身近での母数の数が多いほど、説得力を持ってきます。

＼動くツボ／

06

人が動くツボ⑥「権威」

「権威」のツボで動かすのに向いているのも「政治タイプ」です。

安全かどうかを気にする政治タイプは、評価に影響する場面で敏感になることから、「有名なあの人がこう言っている」、あるいは「（動かないと）評価が下がる」といった言葉を使うと動いてくれやすくなります。たとえばこんなイメージです。

「有名なA社でもすでに取り組んでいますので（御社もお取り組みください）」

「このプロジェクトは社長も注目しているので（協力してください）」

「業界最高レベルの品質テストをクリアしているので（採用ください）」

「あの人気雑誌がおすすめしていた宿だから（行ってみない？）」

「あのユーチューバーが勉強も大事って言っていたから（勉強しようね）**」**

「権威」のツボを押すために第三者を引用するときは、相手がそこに関心があるかをチェックしましょう。たとえば営業がお客様に「あの会社でも導入されていますよ」とその実績を示すなら、お客様が「あの会社で導入されているなら安心だ」と思える企業名を出せるかどうかが重要です。

一方で「権威」のツボの注意点は、**「動かないと評価に影響が及ぶ」**というメッセージが相手の安全をおびやかすリスクです。くれぐれも、伝え方の表現は慎重に工夫することが必要です。

「3つのタイプ」×「6つのツボ」を理解する

さて、〝6つのツボ〟について順番に解説してきましたが、いかがでしょうか。

「論理タイプ」が動きやすいツボは「メリット」と「一貫性」でした。

「メリット」は2つのものを比べたり、コスパを計算することでより明確になります。これは情報を整理する「論理タイプ」に特に響きやすいツボになります。

また、つじつま合わせをする「新しい脳」の働きに注目するなら、正しいかどうかで決める論理タイプは「一貫性」に敏感であることも心得ておく必要があります。

ここに矛盾があるとすかさず「おかしい」と思われますので、論理タイプを動かすときは、一貫性のある理由を用意することが大切です。

「感情タイプ」が動きやすいツボは「本音」と「一体感」でした。

「古い脳」の働きは直感や本能と結びつきやすく、特に「感情タイプ」はあなたの「言葉」と「表情や仕草」にギャップがあるとすぐウソだと気づきます。ですからこのタイプには「本音」の感情をさらけ出し、**好意という側面から「イエス」を引き出すのがおすすめです。**また、あなたと私は仲間という「一体感」を示すことも重要でした。

安全かどうかを気にする「政治タイプ」のツボは「みんな」と「権威」でした。

「古い脳」は「仲間はずれになる」ことを身のキケンと感じて警戒アラートを鳴らしますが、特に「政治タイプ」は「みんなと同じであること」にこだわります。集団から外れることは動物にとって死活問題。政治タイプは特にこの感覚に敏感で**「みんなと一緒なら安心」**と感じやすいタイプなのです。

また、動物の群れや集団には「サル山のボス」のようにヒエラルキーがあるように、**「権威」**による影響力は、政治タイプに大きな影響を及ぼします。

以上、改めて「3つのタイプ」と「6つのツボ」への理解を深めておきましょう。

「情報収集」のコツ

「6つのツボ」についてお伝えすると、「ツボを使って動く〝理由〟を作ることはたしかに大事だけれど、その場で作るのはむずかしそう」という相談を受けます。そこで3つほど、理由を作るための情報収集について、コツをお伝えしていきます。

■コツ① 相手の話をじっくり聞く

たとえば「論理タイプ」を「過去の発言からの一貫性」で動かすなら、ふだんから相手の話に耳を傾け、その言葉に注目しましょう。**相手との会話の中に、理由作りのヒントがかならず潜んでいる**からです。

他人に気持ちよく動いてもらうには、**「相手のことを理解しよう」というスタンス**

がまずは前提になってきます。

本書では、「口ベタな人でも大丈夫」と一貫して伝えていますが、**なめらかに次から次へと言葉が出ない、話すことに苦手意識のある人のほうが、「相手の話に耳を傾け、理解する」ことが得意なはずです。**ぜひ耳を傾けていきましょう。

コツ② 相手をよく見る

相手と話しているとき、「ポジティブ（あるいはネガティブ）な反応」が目につくことがありますよね。

相手のリアクションに現れるちょっとした仕草に、動いてもらうためのヒントがあります。ふだんから相手の様子を「見る」ことを意識しましょう。どんなツボに反応しやすいか、表情や口調にそれが現れているはずです。

たとえば**こちらの「本音」が見えないことにもどかしそうな仕草**を見せたら、その人は「**感情タイプ**」の可能性アリ。「**本音のコミュニケーション**」を求めている気配に注意しましょう。自分から本音を伝えることで、感情タイプは動いてくれやすくなるはずです。

あるいは**リスクに対して不安そうな**雰囲気があれば、**「政治タイプ」**へのケアをはじめる準備です。そういう人には**「安心できる理由」**を示して動いてもらいます。

相手をきちんと「見て」いれば、求められている「ツボ」の見当がつきやすくなります。それを理由作りに活かしましょう。

コツ③　使えそうな情報をストックしておく

たとえば「論理タイプ」を「一貫性」で動かす理由を作るなら、「過去にもらった改善要望」をストックする、あるいは「政治タイプ」を「権威」で動かす理由を作るなら、ふだんからランキング情報をチェックするなど、**いざというとき引っ張り出せる情報をストックするのがおすすめです。**

私もインターネットの記事やSNSから「この情報はどこかで使えるかもしれないな」と感じたものは、「後で使うかも」というフォルダにどんどん放り込むようにしています。

焦りは禁物

本章の最後にお伝えしたいのは、**「今すぐ相手が動く〝理由〟を作れなくてもあわてずに」**ということです。

家族、友人、仕事の関係者、……動いてほしい相手と話すチャンスは、「1回限り」ではないはずです。

継続的な人間関係があれば、いきなりうまくいかなくとも、何度かトライをしていくうちに、徐々にコツがつかめてきます。

「華麗なプレゼンテーションで一発ＯＫをもらうぞ！」と肩の力を入れすぎず、まずは長い目で考えましょう。

これについてまず、着実にできることは**「地雷を踏まないようにすること」**です。

人には多かれ少なかれ**「先入観」**があります。相手に動いてもらうとき、そこにマイナスの先入観があると、大きな足かせになってきます。

地雷を何回も踏んでいると相手の記憶に残ります。これに気づかず、いざというとき「マイナスの先入観」が原因で「ノー」になったらもったいない！

そういう意味でも**「相手の話をじっくり聞く」「相手をよく見る」ということは、長く良い関係を築くうえでとても重要**になってきます。

とはいえ、「今度の仕事は失敗できない」「一発勝負しかできない」というケースもあるでしょう。そういう場合は、いつかくる勝負にそなえて、本書を片手にできるだけの準備をしてください。

ふだんからこれらの「ツボ」を意識する練習をしておくことで、きっと勝率は上がります。

第5章

「東大の話し方」

「4つの枕詞」を使って伝える

Todai way of speaking

相手の「地雷」を踏んではいけない

相手のタイプに合わせたツボで「イエス」の理由が作れたら、後はこれを使って伝えるだけです。

ここでは一つ、気をつけるべきことがあります。それは第1章でもご説明した「相**手の脳ミソに逆らわず、地雷を踏まずに伝える**」ということです。

それには会話のあたまに「枕詞」を使っていきます。たとえば、忙しそうな人にいきなり「お願いしたいことがあって……」と言ってしまうと、相手は「貴重な時間が奪われる！」と警戒モードを発動します。そこでこうしたケースでは、**「1分だけよろしいですか？」**と言ってから本題に入ることで、**相手の「古い脳」（警戒モード）からのブロックを防ぎます。**これが枕詞の役割です。

この章では次の「4つの枕詞」をご紹介します。

- 「太陽メッセージ」の枕詞
- 「相談モード」の枕詞
- 「限定」の枕詞
- 「NOキャンセリング」の枕詞

枕詞はこの4種類から適宜、状況に合うものを選んでください。

枕詞を選んだら、後は続けて第4章でご説明した**相手が動くべき「理由」**と、**お願いごと**を具体的に伝えるだけです。

「枕詞」とは？

「一生のお願いだから」。このセリフ、使ったことのある方は多いのではないでしょうか。僕もあります。たぶん1回ではなく、何回も……。

会話の冒頭に一言そえるこうした言葉を、本書では**「枕詞」**と言うことにします。

相手を動かそうと思うなら、相手の古い脳にブロックされないことが重要です。

それにはこの「枕詞」が有効です。枕詞が上手に使えると、お願いを聞いてもらえる確率が格段に上がります。

たとえば上司に提案するシーンでは**「お力をお借りしたいのですが」**の一言をそえて話しかけると、**相手の古い脳からのブロックを防ぐとともに、上司は前向きに心の準備をしやすくなります。**ここでは4つの枕詞について具体的に見ていきましょう。

4つの枕詞とは？

太陽メッセージ

（ポジティブな言葉で切り出す）

例）
このあいだはありがとう

いつも助かっているよ

など

相談モード

（相手の力を借りる）

例）
一つご相談なのですが

お知恵をお借りしたいのですが

など

限定

（「〜だけ」で重みを持たせる）

例）
一生に一度のお願いだから

あなただからお願いしたい

など

NOキャンセリング

（想定される断り文句を打ち消す）

例）
お忙しいと思うのですが

早めのご相談で恐縮ですが

など

枕詞 01

「太陽メッセージ」の枕詞

イソップ童話に、有名な**「北風と太陽」**がありますよね。この枕詞は「太陽」を思わせるポジティブな切り出し方で、相手の警戒を解くものです。

相手の古い脳が「自身に危険がふりかかる」と認識すると、即座に警戒アラートが鳴り、相手はその後に続く言葉に耳を傾けてくれません。

そこで相手にお願いごとをするときは、ネガティブな言葉（北風）から入るのではなく、**相手が受け入れやすいポジティブな言葉（太陽）、たとえば「感謝」や「承認」の言葉から切り出します。これが「太陽メッセージ」の枕詞。**これによって「まずは話を聞いてみよう」となる状態を目指します。

たとえばこんなふうに使います。

「遅刻が多いから直してほしい」

「○○君は仕事が早くて助かってるよ。次は遅刻ゼロの達成をしてほしいな」

「もっと家事をしてほしい」

「このあいだは手伝ってくれてすごく助かったよ。またお願いしたいのだけど」

太陽メッセージは初対面の相手より、すでに関係性がある相手のほうが、いい点を見つける材料が多いため使いやすいはずです。

ただし、わざとらしくなりすぎないよう注意しましょう。言葉と雰囲気にギャップがあると、相手の古い脳が「**なんかあやしいぞ**」と警戒アラートを鳴らすからです。

枕詞 02

「相談モード」の枕詞

僕が25歳で起業したとき、直後の数年はメンバーの大半が自分より年上でした。当時、年長者のメンバーにどう動いてもらうか試行錯誤をしていると、あるとき僕は**会話のあたまに「相談ですが」と一言そえると、コミュニケーションがスムーズになる**ことに気がつきました。

実態としては「指示」や「お願い」であったとしても、会話の入口を「相談」の形にすることで、抵抗感が薄まり反射的にガードされるのを防ぐことができるのです。**心理的に抵抗のある状態でムリにことを進めると、相手の古い脳の警戒アラートにひっかかり、「イエス」をもらいにくくなってきます。**そこでハードルがありそうな提案をするときは「相談」の形をとるわけです。たとえばこんなイメージです。

「これ、ちょっと塩味が強すぎない？」

▶

「ちょっと相談なんだけど、料理の味付け、少し薄味にしてみない？」

「部長、業務改善の提案です」

▶

「部長、お知恵をお借りしたいのですが、チームの業務改善について……」

この枕詞は特に**役職や年次が上の相手に有効**で、一方的に言っては角が立ちそうなとき、良好な関係を保ちながら「お願いしたいこと」を伝えるのに役に立ちます。

ただ、相談というからには、相手からの意見を聞く姿勢も必要です。相談の後に相手から予期せぬ反応がくることもありますので、あらかじめ織りこんでおきましょう。

枕詞 03

「限定」の枕詞

本章の冒頭で紹介した「一生のお願い」。

ふつうのお願いに比べて、これは重みがありますよね。

「一生のお願いだから」という言葉には、「一生に一度だけの、すごく重要なお願い（だから聞いてほしい）」というニュアンスが込められています。

このように「限定」の枕詞は、「～だけ」といった表現によって、お願いに重みを持たせるものです。

「一生に一度だけ」「あなただけ」「私だけ」「一つだけ」「今だけ」など、限定を表す言葉があると「何か重要な情報があるのではないか（逃さないようにしよう）」と、相手の古い脳が察知します。

古い脳は生存本能に結びつき、重要な情報をスルーすると自らに危険が及びかねないと考えます。そこで**限定の枕詞をつけることで、大切な情報に耳を傾けてもらい、相手を動かすというわけです。**たとえばこんなふうに使います。

「この作業をお願いします」

◀

「**あなただから**この作業をお願いしたいのですが」

「○○なところを直してほしい」

◀

「**厳しいことを言えるのは私だけだから伝えるのだけど、**○○なところを……」

「〜についてお願いです」
▼
「一つだけお願いしたいのですが……」

この枕詞は特に「**ここぞ**」という勝負の場面や、今までいくら言っても態度や行動が変わらなかった相手に対して「**今度こそ動いてほしい**」と伝えるときに有効です。ただ「限定」で言葉にパワーを加えますので、使う回数が多すぎると「いつも『あなただから』と言われるけれど、うまいこと利用されているのでは？」と、相手に疑念を持たせます。多用すると**オオカミ少年**のごとく信用をなくしやすいので注意しましょう。

枕詞
04

「NOキャンセリング」の枕詞

周囲の騒音が気にならないよう、**ノイズキャンセリング機能**がついたイヤホンを使って音楽を聴く人、増えていますね（僕も使っています）。これはざっくり言うと、消したい音の波と真逆（逆位相）の波をぶつけて音を打ち消すしくみです。

「NOキャンセリング」の枕詞は、ノイズキャンセリングをもじった表現です。相手から「こんなセリフで断られそう」と予想できる場合、**想定される断り文句を打ち消すように、会話のあたまで先に「真逆」の表現をぶつけるものです。**

たとえば、忙しそうな相手にお願いするなら、「忙しい」という断り文句が想定されます。そんなときは「**お忙しいのは承知のうえでのお願いですが……**」あるいは「**緊急の予定がないなら**」などと言うことで、相手は「忙しさ」を理由に断るのがむずかしくなります。

その他、こんなふうに使います。

（完全主義の上司に相談をする場合）

「ちょっとご相談なのですが……」

▼

「早めのタイミングでのご相談で恐縮ですが……」

（優柔不断なお客様に感触を聞く場合）

「当社の提案について、感触はいかがですか？」

▼

「まだ迷われていると思うので今の感想で構わないのですが、

感触はいかがでしょうか？」

これは断られそうな状況を逆転できる枕詞になりますが、相手に「**反論の余地がゼロ**」だと感じさせることもありますので、言い方をソフトにするなど人間関係を壊さないよう配慮しながら使いましょう。

お願いを「具体的に」伝える

「枕詞」→「理由」ときたら、後は「具体的なお願い」を伝えるだけです。

お願いごとをするときは、相手に「何を」「いつまでに」「どうしてほしいか」明確に伝えます。

お伝えしている通り、僕は口ベタでお願いごとが苦手で、人に「これをやってほしい」と言うのが怖い気持ちがありました。**でも「お願い」をあいまいにしてしまうと結局伝わらず、なし崩し的にその場が終わってしまいがちです。**

枕詞で切り出し、「イエス」につながる理由まで言えたら、それだけで相手には「つじつまの材料」ができています。**あとは勇気を出して「何をいつまでにどうしてほしいか」を自分の言葉で最後まできちんとしっかり伝えましょう。**

枕詞で古い脳のブロックを防ごう

『東大の話し方の例①』

友人に週末、引っ越しを手伝ってもらいたい場合

論理タイプ

（枕詞）力を貸してほしいのだけど（相談モード）

（理由）晩ごはんをごちそうするから（メリット）

（お願いごと）週末、引っ越しを手伝ってもらえないかな？

感情タイプ

（枕詞）あなたにしかお願いできないんだけど（限定）

（理由）私一人ですごく困っているので（本音）

（お願いごと）週末、引っ越しを手伝ってもらえないかな？

政治タイプ

（枕詞） 他に急ぎの予定がなければ（NOキャンセリング）
（理由） □□くんと○○さんにも来てもらうのだけど（みんな）
（お願いごと） 週末、引っ越しを手伝ってもらえないかな？

『東大の話し方の例②』

先輩に会議への遅刻を改善してもらいたい場合

論理タイプ

（枕詞）緊急のご事情がなければ（NOキャンセリング）
（理由）早く会議を終わらせてランチ休憩をとっていただきたいので（メリット）
（お願いごと）次回は会議へのオンタイムのご参加をお願いできませんか？

感情タイプ

（枕詞）先ほどの会議ではありがとうございました！（太陽メッセージ）
（理由）先輩がいないとはじまらないので（一体感）
（お願いごと）次回は会議へのオンタイムのご参加をお願いできませんか？

政治タイプ

（枕詞）一つご相談なのですが（相談モード）
（理由）みなさん時間にそろわれているので（みんな）
（お願いごと）次回は会議へのオンタイムのご参加をお願いできませんか？

『東大の話し方の例③』

部下に目標達成のプランを出させたい場合

論理タイプ

（枕詞）この間はありがとう！（太陽メッセージ）

（理由）◯◯さんが以前、面談で言っていた課題克服のためにも（一貫性）

（お願いごと）目標達成のプランを今週中に出してみてもらえないかな

感情タイプ

（枕詞）他の人には言わないんだけど（限定）

（理由）あなたには特に期待をかけているから（本音）

（お願いごと）目標達成のプランを今週中に出してみてもらえないかな

政治タイプ

（枕詞）むずかしかったらサポートするから（NOキャンセリング）
（理由）会社が全員に提出を求めているので（権威）
（お願いごと）目標達成のプランを今週中に出してもらえないかな

「話す順番」はアレンジする

「枕詞」に「ツボを押さえた理由」をそえて、動いてもらうための「具体的なお願いごとをする」。

この「枕詞↓理由↓お願いごと」の順に話すというのが、僕が発想した「東大の話し方」のすべてです。

ただ先述した通り、ビジネスコミュニケーションの場面では、前置きを省いて、結論としてのお願いごとから伝えたほうがいいシーンももちろんあります。

たとえば「**エレベータートーク**」と呼ばれる手法があります。

これは「結論としては◯◯したいと思います。理由は3つあります……」と、結論

（具体的なお願い）をまず伝えてから、次にその理由を伝えるという話し方です。

もともとは「エレベーターで乗り合わせた相手に、到着までに要件を伝え終わるくらいコンパクトに話そう」、という語源からこの名前がついています。

相手に心の準備ができていて、相手が「結論からさっさと話してほしいモード」になっているなら、この「結論（お願いごと）→理由」の伝え方で構いません。

たとえば**「上司から指示された報告」**や**「持ち時間が限られた発表」**などは、相手は明らかに「端的な伝え方」を望んでいるので、結論（お願いごと）を先に伝えましょう。

ただし話す時間が短く収まるなら、枕詞をそえて「**枕詞→結論（お願いごと）→理由**」で話すのもおすすめです。たとえばこんなイメージです。

「部長、1分だけよろしいでしょうか。◯◯の件、結論から申し上げると、B社に発注したいのでご承認をお願いします。理由は3つあります……」

この伝え方は「**枕詞↓結論（お願いごと）↓理由**」で、これまでの「**枕詞↓理由↓結論（お願いごと）**」と比べて、よりストレートな伝え方です。

「枕詞↓理由↓結論（お願いごと）」「枕詞↓結論（お願いごと）↓理由」、どちらでいくかは、相手の心理状態を考えたうえで、順序はアレンジしてください。結論をすぐ求めているか、そうでないかの見極めがポイントです。

ビジネスの場面といえども、「結論からさっさと話して」が常に求められているわけではありません。先述しましたが、上司に自発的な改善提案をあげる場面や、相手に改善を促す場面などでは「さっさと結論から話す」と相手は抵抗を感じます。

前提として「長々と話しすぎない」ことがもちろん大事になりますが、そこから先はケースバイケースで対応するようにしてください。

一方、プライベートのお願いごとでは、**忙しい相手の時間を奪わないことよりも、相手の「気持ち」に焦点を当てるほうがいいでしょう。**

プライベートの場面では、「枕詞→理由→結論（お願いごと）」の順に話す流れが基本です。

気持ちに寄りそった伝え方をするときは、この順番がもっとも相手の脳ミソに逆らわず、「イエス」につながる話し方になります。

「コンパクト」にまとめる

相手を説得する場面では「情報量をコンパクトにまとめること」も重要です。

たとえば「1分」を超えた話となると、相手は長く感じます。

ちなみに1分で話せる量は、文字にすると250〜300字。ちょうどこの本1ページ分になりますが、日常会話ではこれでも十分「長い！」と感じる人が少なくないはずです。伝えるときはムダな情報を極力減らすようにしてください。

たとえば上司へのお願いごととして、次の会話にかかる時間は**たった10秒**。

「お忙しいところ恐れ入ります。部長にしか頼れないのですが、この書類の数字について、今、教えていただけないでしょうか？」

仕事でもプライベートでも「言いたいことは簡潔に」。これを心がけましょう。

話が長くて入ってこない……

先日は本当にありがとうございました。

実は以前から思って、いや考えていたことなんですが、これまでの経緯を考えますと2年前に部長が担当された案件を参考にすべきだと思いまして、2年前の案件とは……………………………

あのときの書類をみせてもらえないでしょうか？

伝わりやすい！

お忙しいところ恐れ入ります。
部長にしか頼れないのですが、
この書類の数字について、今、
教えていただけないでしょうか？

言いたいことは「3つ」まで

話を簡潔にまとめようとしても、一生懸命伝えようとするあまり、「理由」の部分がふくらむことがあります。そんなとき意識したいのは、理由は多少ふくらんでも**せいぜい3つ**におさえておくということです。

コンパクトに伝えるためにも、情報は少ないほうがいいですし、言いたいことが多すぎると相手が覚えきれません。

本書冒頭の「食事会の例（メンバーの定例会で、予約の取れないレストランを推すために熱弁してしまったケース）」でもお伝えしたように、**情熱が空回りして情報があふれてしまうと、相手に伝わりづらくなるので注意しましょう。**

たとえば次の図は「理由」を3つにまとめたケースです。

アンケートへの回答を お願いしたい場合

枕詞 古い脳のブロックを防ぐ

3分だけご協力ください　限定

理由 3つにまとめる

① 業務負担を減らすため　メリット
② 現状把握のため　メリット
③ みんなの意見をまとめるため　メリット

お願いごと 具体的な期限とともに伝える

今週中にアンケートへの回答を
お願いします。

言いたいことは最大3つにまとめ、できるだけコンパクトに伝えると、相手は動いてくれやすくなります。

枕詞には「たった3分ですむ」ことを示す「限定」の枕詞を入れ、理由には「論理タイプ」を想定して6つのツボから「メリット」を選び3つにまとめている点に注目ください。

後は最後に具体的なお願いとして「今週中に回答いただきたい」と期限を設けてお願いします。

第6章

「東大の話し方」実践編

「6つのツボ」とは？

タイプ	ツボ	例
論理タイプ	①メリット	これがいちばんコスパが高い
論理タイプ	②一貫性	以前こう言っていたので
感情タイプ	③本音	実は私も～です／正直すごく～です
感情タイプ	④一体感	一緒に考えさせてください
政治タイプ	⑤みんな	みんなこれを選びます／これが一番人気です
政治タイプ	⑥権威	ランキング1位なので／業界トップのメーカーなので

「4つの枕詞」とは？

	ポイント	例
①太陽メッセージ	ポジティブな言葉で受け入れやすく	いつもありがとう／昨日は助かったよ
②相談モード	実態はお願いだが言葉は「相談」	力を貸してほしいのですが
③限定	絞り込んで言葉に重みを持たせる	あなただからお願いしたい
④NOキャンセリング	断り文句を先に打ち消す	お忙しいとは思いますが

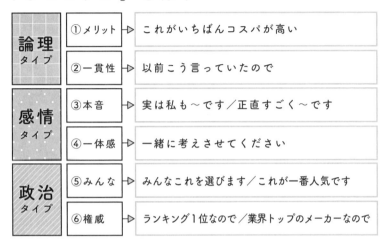

【復習】「東大の話し方」とは

東大の話し方（「3・6・4」で話すしくみ）

Step1
「3つのタイプ」に分類する

論理タイプ	感情タイプ	政治タイプ

Step2
「6つのツボ」で相手が動く理由を作る

論理タイプ	メリット（費用対効果）	一貫性（過去とのつながり）
感情タイプ	本音（素直な感情）	一体感（あなたと私は仲間）
政治タイプ	みんな（みんなの意見）	権威（あの人の声）

Step3
「4つの枕詞」を使って伝える

太陽メッセージ（ポジティブな言葉で切り出す）	相談モード（相手の力を借りる）
限定（「～だけ」で重みを持たせる）	NOキャンセリング（想定される断り文句を打ち消す）

「3つのタイプ」の見分け方

決断するとき

- 自分の意見が**強い**
  - 理屈が通っているかが大事 → **論理タイプ**
    - 「結論は」「理由は3つ」など情報整理が得意
    - 原則や整合性を重視する
    - 一見クールでドライ
  - 好きか嫌いかが大事 → **感情タイプ**
    - 「すごい」「～な感じ」など感覚的表現を使う
    - 好き嫌いや感情を出す
    - 正直でオープン
- 自分の意見が弱い → **政治タイプ**
  - 「○○さんは」など第三者を気にする
  - 順位やブランドを重視
  - 意見表明のリスクを回避する

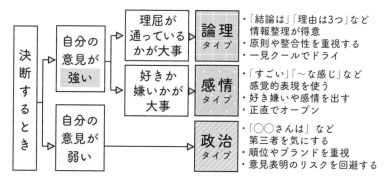

Case
01
お願いごとをする（気になる人をデートに誘う）

「お願いごと」があるとき、私たちは**断られることへの不安が先走ると、遠回しになりすぎて伝わらなかったり「何とかお願いします」とへりくだったりします。**

そうすると相手は、断ってもダメージがない頼みごとには「『考えておきます』などと返事をしておき、気が進まなければ後で断ろう……」と考えます。低姿勢で拝みたおすアプローチでは、こちらのお願いが軽くなってしまうのです。

一方、「断られたくない」という気持ちが強すぎると、相手にプレッシャーを与えすぎて怖がられてしまいます。

そこでお願いごとをするときは、あらかじめ**「OKへのつじつま合わせ」を自ら行い、先のばしやNOをくらわない伝え方をすることが重要です。**

たとえばデートに誘うなら、まずは古い脳からの警戒を解くべく「デート」→「食事に誘う」などの発想転換をしたうえで、タイプ別にアプローチします。

デートに誘う

論理タイプ

「中華が好き」とおっしゃっていたので

感情タイプ

もっとお話ししたいので

政治タイプ

今、話題のあの店に行きたいけれど一人では行きづらいので

今週、ご一緒しませんか？

【解説】

論理タイプ

相手の過去の発言から「一貫性」が成り立つよう工夫しつつ、「都合が合わない」と言われないよう「NOキャンセリング」の枕詞を使って誘います。たとえばこんな感じです。

ご都合は○○さんに合わせます。中華がお好きとのことでしたがよろしければ今週、中華のランチをご一緒しませんか？

感情タイプ

作られたセリフではなく、素直な「本音」をぶつけましょう。頭では「太陽メッセージ」の枕詞を使いつつ、本音の気持ちを自分の言葉で伝えることが重要です。

**○○さんがいると打合せが楽しいです！
もっとお話ししたいので、今週、ランチをご一緒させてもらえませんか？**

政治タイプ

「一緒に食事をすることで好きだと誤解を受ける」「つきあっていると周りから思われる」という相手にとっての「リスク」を回避するために、有名シェフという「権威」を使って自分と一緒にいても言い訳が立つ伝え方をしていきます。冒頭には「相談モード」の枕詞を使っています。

一つ相談なのですが、あの有名シェフがオープンした人気店、気になるのですが一人では行きづらくて……今週、ご一緒いただけませんか？

Case

02 言いにくいことをお願いする（クセを直してもらう）

言いにくいことをお願いするのって、むずかしいですよね。

たとえば「そのクセやめてほしい」といったお願いなんて、その筆頭ではないでしょうか。

「これを言ったら相手が傷つくんじゃないか」と気になります。

また勇気を出して言えたとしても、相手から嫌われるのは避けたいものです。

とは言え、**オブラートに包んで伝えたところで、カンが鋭い相手でもなければ気づいてもらえない。直球勝負で伝えると下手をすればケンカになる。**……なかなかもどかしいところです。

こういうときは、「行動を変えることへのつじつま合わせ」を、こちらで用意してください。たとえばパートナーに、前から気になっていたクセを指摘する場面を例に考えましょう。

クセを直してもらう

論理タイプ

不機嫌に見えてもったいないから

感情タイプ

子どもに真似をさせたくないから

政治タイプ

異性ウケが悪いクセの「ワースト3」に入っているから

貧乏ゆすりをやめない？

『解説』

論理タイプ

「不機嫌に見えてもったいない」という「デメリット」を、「別にそんなつもりはない」という言い訳にそなえて「NOキャンセリング」の枕詞を使って伝えます。

そんなつもりはないと思うけど、不機嫌に見えてもったいないから貧乏ゆすりをやめない？

感情タイプ

「本音」の感情を伝えますが、頭ごなしに言わないよう「相談モード」の枕詞をつけて伝えます。

相談なんだけど、子どもに真似をさせたくないから貧乏ゆすりをやめてほしいな。

政治タイプ

「一つだけ」という「限定」の枕詞の後に、政治タイプに刺さりやすい「権威」(ランキング情報)を使って改善のお願いを伝えます。

一つだけ気になっているんだけど、「異性ウケが悪いクセ」のワースト3に入っているらしいから貧乏ゆすりをやめてみない?

Case 03

こだわりが強い人を動かす（ガンコな親を説得する）

「行動を変えたがらない強いこだわりを持っている人」に対するコミュニケーションは、何かと気を使うものです。こだわりの裏にまっとうな理由があれば、まだ説得や交渉の余地がありますが、そのこだわりが「思い込み」のレベルだと一苦労です。

そんなとき、**相手を論破しようとしたり、あるいは力づくで説き伏せたりしようものなら、相手の古い脳のアラートはフル稼働して「説得されまい」とかたくなになってしまいます。**

そこでこういう場合は、**相手の「こだわり」を無理に否定することなく、自然に動きたくなる「つじつま」を作っていきます。**

「あなたのそのこだわりは間違っている」と伝えるのではなく、単純に「動くこと」への理由づけをするのです。ここでは面倒くささがってスマホを持とうとしない親に、スマホを持ってもらうシーンで考えます。

ガンコな親を説得する

論理タイプ

10分でやり方を教えるから

感情タイプ

娘とTV電話で話してほしいから

政治タイプ

今の70代はみんな使っているから

スマホを持ってくれない？

【解説】

論理タイプ

「10分でやり方を教える」という相手にとってのメリットを、冒頭に「**相談モード**」の枕詞をそえて伝えます。「そんな短い時間で覚えられるならやってみるか」となりやすいかもしれません。

一つ相談なんだけど、10分でやり方を教えるから
スマホを持ってみない？

感情タイプ

「うちの子がほんとにお母さんのことが大好きで」と「**太陽メッセージ**」の枕詞からはじめれば、親も悪い気はしないはずです。そこに「**一体感**」を加えるべく「一緒に話してあげて」と言うことで、ガンコな親を動かします。

うちの子がほんとにお母さんのことが大好きで。娘とTV電話で話してほしいから、スマホを持ってくれない?

政治タイプ

政治タイプに鉄板の「みんな」を使い「今の70代はみんな持っている」で理由づけをします。その際「面倒くさい」という断り文句がこないよう「NOキャンセリング」の枕詞をそえます。

なんでも面倒くさがると老けるんだって! 今の70代はみんな使っているからお父さんもスマホを持ってくれない?

Case 04

敵対心のある相手を動かす（反抗期の子どもに勉強を促す）

人間に限らずあらゆる動物にとって、自分の身に危険を及ぼす相手は「要警戒」の対象です。

相手があなたに敵対心を持つ場合、動いてもらうハードルはかなり上がります。

ちょっと言葉を間違えると「古い脳」が大警報を鳴らすからです。

敵対心のある相手に頭ごなしに言ってしまうと反発心が生まれますので、相手を否定する表現にならないよう注意することが必要です。こちらが感情的になってケンカ腰になると、相手も「イエス」とは言いにくくなってしまうのです。

そこでこの場合も「**やってほしいこと」が相手にとっての押しつけにならないよう、「イエス」のつじつまをこちらのほうで作っていきます。**

ここでは反抗期の子どもに勉強を促すシーンで考えます。

子どもに勉強を促す

論理タイプ

後でゲームをする時間が減らないように

感情タイプ

私も一緒に勉強するから

政治タイプ

○○ちゃんも○○くんも最近がんばっているらしいから

今、宿題をやろうか

〖解説〗

論理タイプ

「ゲームをする時間がとれる」という「**メリット**」を、「30分もあれば終わる」という「**限定**」の枕詞とともに伝えることで動かします。

30分もあれば終わると思うから、後でゲームをする時間が減らないように今、宿題をやっておこうか。

感情タイプ

「気分が乗らない」で逃げられないよう「気が進まないのはわかるよ」と「**NOキャンセリング**」の枕詞をそえてまずは共感を示します。その後で「私も一緒に勉強するから」と「**一体感**」を伝えます。

気が進まないのはわかるよ。
でもお母さんも一緒に勉強するから、今、宿題をやっておこうか。

政治タイプ

冒頭、「太陽メッセージ」の枕詞でポジティブに入った後、子どもが仲のいい友人の名前を出して、「みんな」もやっていることを伝えます。

他のおうちで、あなたのことがほめられているんだって！
仲がいい○○ちゃんも○○くんも最近がんばってるって言ってたから
あなたも今、宿題をやっておこうか。

Case

05

リクエストを成功させる（レストランでいい席をリクエストする）

「ダメで元々（もともと）」を略して「ダメ元」という言葉があります。

リクエストはしてみるけれども、そこまで期待はしていない。こんな状況を表す言葉ですが、せっかくのリクエストなら、やっぱり実らせたいですよね。

ここでむずかしいのは、相手には「その要望に応える義務がない」こと。**要望を断ってもダメージがない相手には、どう言ったらお願いを聞いてもらえる可能性が上がるのでしょうか。**

ポイントはリクエストに応じる相手が、「**どんな納得感を得られるか**」にかかっています。そこでここを工夫することで、つじつま合わせをしてもらいます。

ここではレストランに電話予約をするとき、窓際の「ちょっといい席」をリクエストする場面で考えます。電話となると初対面で相手が見えない状況ですので、会話を重ねることでさぐりながら、タイプを見極めるのがいいでしょう。

いい席をリクエストする

論理タイプ

ＯＫなら今すぐ予約をするので

感情タイプ

大事な記念日なので

政治タイプ

他店ではよくご対応いただくので

窓際の席をお願いします

「解説」

論理タイプ

「ＯＫだったら今すぐ予約をする」という相手にとっての「メリット」を、「太陽メッセージ」の枕詞とともに伝えます。

お店のＨＰを見てとても素敵だと思いました。ＯＫだったら今すぐ予約をしたいのですが、窓際の席をお願いできませんか？

感情タイプ

丁寧な表現になるよう「相談モード」の枕詞をそえて「記念日なので特別な席にしてほしい」という「本音」の気持ちを伝えると、相手に共感の心理が働きます。

一つご相談なのですが、大事な記念日なので窓際の席をお願いできませんか？

政治タイプ

「ご迷惑がかからないなら」という「NOキャンセリング」の枕詞から入りつつ、「仕事の会食の場合は、多くの店が対応してくれている」という意味での「みんな」を使って相談します。

ご迷惑がかからないなら、実は今回、仕事の会食で、他店ではよくご対応いただくのですが、窓際の席をお願いすることは可能でしょうか？

\ Case /

06

初対面の相手を動かす（お客様から次のアポイントをもらう）

初めて会った相手にお願いごとをするときは緊張感が走ります。

まだお互いによく知らない状態で、負担のかかることを求めてしまうと**「迷惑がかかるのでは」という懸念**がありますよね。

こういう場面は、プライベートよりビジネスで多いかもしれません。

ここでは仕事のシーンで初対面の相手と打合せをした後、終わり際で次のステップに向けてお願いごとをする場面を想定しますが、このようなケースではどのように伝えるとOKをもらいやすいでしょうか。

ポイントは「（たとえ短くとも）ここまでの時間で得られた情報」を盛り込んで次に会うべき理由を作ることです。

会話の中で相手はどんなことを話していたか。ここでは相手から出てきた情報をもとに、動いてもらう理由を作っていきます。

次のアポイントをもらう

論理タイプ

先ほどの疑問にお答えする提案をお持ちするので

感情タイプ

あなたのお役に立ちたいので

政治タイプ

多くはみなさん2回目を聴かれてから検討されるので

次のアポをお願いします

【解説】

論理タイプ

お礼の気持ちを表す「太陽メッセージ」の枕詞とともに、「先ほどの疑問にお答えする」という「一貫性」を使ってアプローチします。

本日はお忙しいところありがとうございました。先ほどの疑問にお答えする提案をお持ちしたいので、次のアポイントをいただけませんか?

感情タイプ

ここでは「あなたの役に立ちたいです!」という「本音」を使って共感のメッセージを伝えるのがいいでしょう。冒頭には「あと一度だけ」という「限定」の枕詞をそえています。

あと一度だけお目にかかれませんか？　というのも、もっと○○さんのお役に立ちたくて！　次のアポイントをいただけませんか？

政治タイプ

「他の人はだいたい2回話を聴く」という「みんな」を理由に使いつつ、冒頭では「今回の話が的はずれでなければ」と「NOキャンセリング」の枕詞をそえて伝えます。

今回の話が的はずれでなければ、みなさんだいたい2回話をお聴きになってから検討されるので、次のアポイントをいただけませんか？

Case 07

反応が薄い人から「イエス」をもらう（お客様に商品を買ってもらう）

「反応が薄い人」とのコミュニケーションがむずかしいのは、リアクションが薄いため、こちらのメッセージが響いているのかどうかがつかめないためです。

われわれが実施した調査でも、営業パーソン3933人に「苦手意識を感じる場面」について尋ねたところ、もっとも回答が多かったのは「反応が薄いお客様との会話」でした。こんなときは「反応が薄いことにも理由がある」と考えて、その理由にアプローチすることが必要です。

論理タイプであれば「メリットが見えないから反応が薄い」、感情タイプは「言葉にするのが苦手だから反応が薄い」、政治タイプは「リスクを気にして反応が薄い」など、具体的に想定することで対策が立てられます。

それでは、営業パーソンがお客様に商品を買っていただく場面で考えましょう。

商品を買ってもらう

論理タイプ
費用対効果が高い商品なので

感情タイプ
一緒に理想を実現したいので

政治タイプ
あの企業も導入されているので

ご購入ください

【解説】

論理タイプ

相手は「論理タイプ」と当たりをつけたら、「費用対効果の高さ」という「**メリット**」を、「予算を超えていないなら」という「**NOキャンセリング**」の枕詞とともに伝えます。

ご予算を超えないようでしたら、これは費用対効果が高いのでぜひ今、導入されてみませんか？

感情タイプ

反応の薄い相手であっても、「感情タイプ」の予感がしたら、「**太陽メッセージ**」の枕詞から入ることが有効です。「営業ｖｓ顧客」というより「同じ方向を向いたパートナー」という「一体感」を共有します。

ここまでお話しさせていただいた○○さんと、一緒に理想を実現したいです！
ぜひ今、導入されてみませんか？

政治タイプ

「政治家タイプ」のニオイがしたら、「御社の社長が特に注目している」など「限定」の枕詞をそえられるとスルーされることはありません。そのうえで、「あの有名なA社でも導入されている」という「権威」ある実績を安心感につなげてください。

こちらは、御社の社長が特に注目されているA社様でも使われていますので、
ぜひ今、導入されてみませんか？

Case 08

忙しい相手を動かす（上司に提案の承認をもらう）

忙しい相手を動かす場面の典型は、仕事で上司にＯＫをもらうときでしょう。

忙しい相手に長々話すと、**「今、聞いている時間がないから送っておいて。後で見るから」**と言われてしまいます（そして「後で見る」と言われたものは、だいたいずっと見られないままですね……）。

忙しい相手から「イエス」をもらうには、相手が瞬時に「イエス」であると判断できる「理由」が必要です。

ロジカルシンキングを使って「理由は3つありまして……」と言えたとしても、相手の頭の中での「つじつま」が合わなければ決して「イエス」はもらえません。

そこで「論理」「感情」「政治」それぞれのタイプに合わせて**スッキリとした理由を作ることが重要**です。

ここでは忙しい上司から、業務改善策への承認をもらう場面を考えます。

上司に承認をもらう

論理タイプ

いただいたコメントを反映したので

感情タイプ

われわれがチーム一丸となって具体化したいので

政治タイプ

業界の6割が採用しているので

ご承認をお願いします

『解説』

論理タイプ

OKをもらうためには「一貫性」からアプローチします。「部長にコメントいただいた点を反映したので」と言えば、「その話か」と受け入れられやすくなります。以前にアドバイスをもらった事実は、「太陽メッセージ」の枕詞としても使えます。

先日はアドバイスありがとうございました。部長のコメントを反映したのでご承認よろしくお願いいたします。

感情タイプ

「チームで具体化していきたい」という「一体感」を、「お力ぞえいただけませんか」という「相談モード」の枕詞とともに切り出します。

部長、お力ぞえいただけませんか？　本件、部長を先頭にチーム一丸となって具体化したいのでご承認よろしくお願いいたします。

政治タイプ

このケースでは「リスク対策」を明確に示す必要があります。そこで「NOキャンセリング」の枕詞で最初に「リスクを抑えている」ことを伝えます。後は「業界の6割で採用されている」という「みんな」を使った安心感で上司の「イエス」をもらいます。

リスクを抑える検討をしました。業界の6割が採用している施策でもありますのでご承認よろしくお願いいたします。

Case 09

メンバーに動いてもらう①（後輩にミスの改善を指導する）

組織の中である程度の立場になると、後輩やメンバーを動かす場面が増えますね。最近は「**ハラスメント対策**」や「**心理的安全性**」など言われるようになってきて、**マネジャーのみなさんから「指導がむずかしくなった」という悩みをよく聞きます。**

また、役職者だからといって、権限を振りかざして「これをやってくれ」と言うだけでは、相手は動いてくれません。「**こちらが上司なんだから」という気配を漂わせた瞬間に、相手が後ろ向きになってしまう**こともありえます。

年次や役職で自分が上の立場にあるときほど、「**気持ちよく動いてもらえる理由作り**」を心がけていきましょう。

ここでは、「誤字脱字のミスが多い後輩に改善の指導をする」ときの話し方を例に考えましょう。

ミスの改善を指導する

論理タイプ	感情タイプ	政治タイプ
資料の説得力が上がるから	一緒にいいプレゼンにしたいから	部長が最近ミスにうるさいから

ミスをなくしていこう

【解説】

論理タイプ

誤字脱字が減れば説得力が上がるという「**メリット**」を、「唯一もったいないのが……」という「**限定**」の枕詞とともに伝えます。

○○さんが唯一もったいないのが「誤字脱字」。これが減れば資料の説得力が上がるから、次からミスをなくしていこう。

感情タイプ

前向きに指導を受け入れてもらうために「一生懸命なのはわかっている」という「**太陽メッセージ**」の枕詞で共感を伝えつつ、「一緒にいいプレゼンにしたい」という「**一体感**」を示します。

一生懸命なのはすごくわかっているよ。ただ一緒によりいいプレゼンにしたいから、次からは資料の誤字脱字をなくしていこう。

政治タイプ

政治タイプは「部長が最近ミスにうるさい」などの「**権威**」に関する情報をスルーできません。そこで冒頭では「忙しい」という言い訳がこないよう「確認の時間が少しでも取れるなら」と「**NOキャンセリング**」の枕詞をそえつつこれを伝えます。

確認の時間が少しでも取れるなら、部長が最近ミスにうるさいから誤字脱字をなくしていこう。

Case
09

メンバーに動いてもらう②（年上の部下に〆切までに仕事をしてもらう）

続いては、同じメンバーでも「年上の部下に動いてもらう」場面について考えましょう。

こういうケースは増えていますが、相手が自分より年長者であったとき「**自分は上司なのだから、言うべきときはピシッと言わねば**」と気負ってしまうと、耳を傾けてもらえません。

たしかに部下に軽んじられると、仕事がうまく回らないのは事実です。でも「上司としての威厳を示さないと」が強くなりすぎてもいけません。

そこでこういうときには、へりくだりすぎないよう気をつけながら、相手のタイプに合わせて「やってほしいことは具体的に伝える」ことが重要です。

今回は「年上の部下に〆切までに仕事をしてもらう」ときの話し方を例に考えます。

年上の部下を動かす

論理タイプ

今日までに終わらせていただけるとのことでしたので

感情タイプ

今、私も一緒にやりますので

政治タイプ

会社のルールで全員、〆切までにやることになっていますので

作業をお願いします

【解説】

論理タイプ

「〆切には間に合わせるつもり」という言葉をすでにもらっているなら、それをもとに「一貫性」で理由を作ります（こうした言葉がなければ、「いつ完了しそうか」をあらかじめ尋ねておきましょう）。あたまには「太陽メッセージ」の枕詞をつけることで抵抗感を薄めます。

先日はありがとうございました！　ところで「今日までに」とおっしゃっていたこの仕事、本日の完了をお願いできそうですか？

感情タイプ

気が進まないことが先のばしにならないよう、「一緒にやる」という「一体感」の理由を使います。ただ、いきなり「一緒にやりましょう」だと唐突感があるので、「相談モード」の枕詞をそえています。

会社への提出の〆切があるのでご相談です。私もこれからやるのでこの仕事、一緒に今、終わらせませんか？

政治タイプ

「みんな」を使って「ルールで全員やることになっている」ことを理由に、「他に緊急の予定がなければ」という「NOキャンセリング」の枕詞を使って伝えます。

他に緊急のご予定がなければ、ルールで全員やることになっているのでこちらの仕事、本日中の作業をお願いできますか？

Case 10

「ノー」を「イエス」に変える（他部署に協力を依頼する）

本書では「断る理由を先に作られたら負け」ということをお話ししてきました。**相手の頭の中で「ノーに対するつじつま」が一度作られてしまうと、それをひっくり返すのは簡単ではないからです。**

しかし実際には、いったん「ノー」を言われてから説得に**再チャレンジ**することもあるのが現実です。

「ノー」を「イエス」に変えるためには、相手の断り文句に対して、別の角度から「イエスへの意味づけ」をする必要があります。同じ角度から「そこをなんとか……」と拝みたおすアプローチでは、相手の答えをひっくり返せず「**ごめんなさい、やっぱり無理です**」となるからです。

ここでは他部署に、社内プロジェクトへの参加協力を「忙しいから」と断られたケースについて考えましょう。

協力を依頼する

論理タイプ

あなたの部署にもメリットがあるので

感情タイプ

あなたの部署の力が必要なので

政治タイプ

どの部署からも人を出していただいているので

協力をお願いします

【解説】

論理タイプ

忙しさを理由に再度、断られることがないよう、「忙しいことは承知している」という「NOキャンセリング」の枕詞を使いつつ、費用対効果を「メリット」として伝えます。

忙しい状況なのは承知しておりますが、あなたの部署にもメリットがあるのでプロジェクトに人を出していただけませんか?

感情タイプ

「いつも感謝している」という「太陽メッセージ」の枕詞で感情に訴えかけつつ、「どうしてもあなたの部署の力が必要」という「本音」の理由につなげます。

いつも助けていただき感謝しております。今回もどうしてもあなたの部署の力が必要です。プロジェクトに人を出していただけませんか？

政治タイプ

「特に今回は重要なプロジェクト」という「限定」の枕詞を使いつつ、「どの部署からも人を出してもらっている」という「みんな」で理由を作ります。

特に今回は重要なプロジェクトで、どの部署からも人を出してもらっているので、プロジェクトに人を出していただけませんか？

\ Case /
11
先のばしをする人に決断させる（約束を実現する）

こちらからお願いしても「考えておきます」と、のらりくらりとかわされてしまうときがありますね。

人は現状維持を正当化するようにできているので、行動を変える提案をしても「新しい脳」が「今のまま」でいることに、つじつま合わせするからです。

とは言え、いつまでもダラダラと待ちたくない。そんなとき、相手に決断を促すにはどうしたらよいのでしょうか。

こんなときは、伝える口調はあくまでもソフトにしながらも、「今、動く理由」に対する現実感を上げる必要があります。

ここでは以前から夫婦で約束していた旅行の約束を、年末に実現させるケースで考えましょう。

先のばしをする人に決断させる

論理タイプ

「今年中には行こう」って言っていたから

感情タイプ

一緒に行けるのをすごく楽しみにしていたから

政治タイプ

結婚10周年はみんなお祝いするものだから

旅行に行こう

［解説］

論理タイプ

「今年中には行こうと過去に言っていた」という「**一貫性**」の理由で決断させます。また頭には、忙しいと言われないよう「どうしてもの予定がないなら」と「**NOキャンセリング**」の枕詞をつけて伝えます。

どうしてもの予定がないなら、「今年中には行こう」って言ってた旅行、年末に行かない？

感情タイプ

「一緒に行けるのをすごく楽しみにしていた」という「**本音**」を伝えましょう。ただ、相手への押しつけが強くなりすぎないよう、「**相談モード**」の枕詞をつけていきます。

一つ相談なんだけど、一緒に行けるのをすごく楽しみにしていたから
年末は旅行に行かない？

政治タイプ

「太陽メッセージ」の枕詞に続けて「結婚10周年はみんなお祝いしている」という「みんな」で理由を作ります。

今年は結婚10周年だね。いつもありがとう。10周年はみんなお祝いしているから、
年末は旅行に行かない？

Case

12

複数人数の相手に働きかける

（地域の仕事を分担してもらう）

相手が複数のときは、一人ひとり個別にタイプを見極めてアプローチをするのが理想ですが、状況によっては、複数の人を相手に同時に伝える場面もあります。そんなときは、まず**「キーパーソンはどのタイプか」もしくは「全体の中で多数派はどのタイプか」を見定めます。**

そして、1回のコミュニケーションでおおむね動いてもらえる流れを作ってしまう、あるいは追加のアクションが必要な場合は、改めて個別にコンタクトしていくのがおすすめです。

いずれにせよ、まずは「3つのタイプのうちいずれかに焦点を合わせる」のが得策です。

今回は、地域コミュニティで複数の人を前に、係の分担をお願いする場面で考えてみます。

分担をお願いする

論理タイプ

横のつながりができて人脈も広がるので

感情タイプ

あなたがいてくれると場が盛り上がるので

政治タイプ

みなさんに基本的には一つずつ受け持っていただいているので

係の分担をお願いします

〔解説〕

論理タイプ

このタイプがキーマンなら、「横のつながりができて人脈も広がる」という「メリット」を、「特に～な方にとっては」という「限定」の枕詞に続けて伝えます。

特にお子さんがおられる方にとっては、横のつながりができて人脈も広がり楽しいので、係の分担をお願いできませんか？

感情タイプ

「先日はありがとう」という「太陽メッセージ」の枕詞から入り、「一緒にいてくれると場が盛り上がって楽しい」という「本音」の理由でお願いします。

先日はありがとうございました！　○○さんがいてくれると場が盛り上がって楽しいので、係の分担をお願いできませんか？

政治タイプ

「みんな基本的には一つやっている」という「みんな」の事実を持ち出すとともに、「どうしてもむずかしい事情がなければ」という「NOキャンセリング」の枕詞をそえてアプローチします。

どうしてもむずかしい事情がなければ、みなさん基本的には一つずつ受け持ってくださっているので、係の分担をお願いできませんか？

Case 13

自分を売り込む（採用面接で自分をアピールする）

新しく会った相手に自分をアピールする。

特に仕事の場面では、自分自身をプレゼンする機会が多くなります。

ただ、僕自身は口ベタな人間なので、いまだこの年齢になっても、**初対面での自己PRには、正直、気が重たくなる**こともあります。

一生懸命、自分を売り込もうとすると、多くの人は「言葉が多くなりがち」な傾向があります。認められるか不安という心理から、ひたすら情報を付け足してしまうのです。しかしそれでは、**内容のわかりにくいプレゼンになってしまいます。**

こんなときこそ、「話す『しくみ』」が活躍します。

相手のタイプに合わせ、どうアピールするかを考えて話すようにしてください。

ここでは「採用面接」で自分をプレゼンするケースを考えます。

自分を売り込む

論理タイプ

私のレアな経験がお役に立てると思うので

感情タイプ

目指す未来を一緒に作りたいので

政治タイプ

他社からも内定はいただいていますが御社が第一志望なので

御社で働きたいです

『解説』

論理タイプ

面接官には、「自分のような人材は少ない（貴重である）」という**メリット**を伝えます。このとき「NOキャンセリング」の枕詞を使って、「私というレアな存在」を強調できるとより印象が強まります。

同様の経験をお持ちの方が社内にいらっしゃらないなら、私のレアな経験がお役に立てると思いますので、御社で働かせていただきたいです。

感情タイプ

「率直に話せたことへの感謝」を「**太陽メッセージ**」の枕詞で伝えた後、「目指す未来」というキーワードを使って、会社のビジョンと自分のビジョンが重なり、一緒に働きたいと思っているという「共感」を伝えましょう。

今日は率直にお話をさせていただきありがとうございました。目指す未来をご一緒に実現したく、御社で働かせていただきたいです。

政治タイプ

相手がリスクを気にしないよう、「他社からも内定が出ている（＝自分は優秀な人材である）」という、安心材料を提供します。今の会社でも十分に評価されているならその事実でもいいでしょう。冒頭には「限定」の枕詞をつけて、言葉に力を持たせます。

特に本日の面接を経て実感しました。他社からも内定をいただいておりますが御社が第一志望なので、御社で働かせていただきたいです。

おわりに

話すことが苦手なあなたへ

僕は物心がついたときから、怖くて人とうまく話せない「劣等感」に悩み続けてきました。

今でも覚えている風景があります。幼稚園のとき、送迎のバスがありました。

僕は帰りのバスの発車間近になって、トイレに行きたくなりました。

用を足し、バスから少し離れたお手洗いを出たところで、用務員さんの背中が見えました。そこで一言、声をかけて「バス、待ってください」と言えばよかったのに、僕はそれが言えず、バスは発車してしまいました。

幼稚園に取り残された僕は、戻ってきたバスに一人で乗りました。

「僕なんかが人に迷惑をかけたらいけない」と、たった一言が出なかったのです。

「劣等感」から抜け出したかった

小中高時代も、「僕なんかが……」の劣等感はずっとつきまとっていました。

いちばんつらかったのは、「仲の良い友人とグループを作って行動をする」という、遠足や修学旅行の自由時間です。僕は「もし誰からも声がかからなかったらどうしよう」とビクビクしながら過ごしていました。

ずっと「自分に自信がない」人間だった僕が東大を目指したのは、家が裕福でなかったこともありますが、とにかく「人生を変えたい」気持ちがあったからです。

ただ、念願かなって合格したものの、日本武道館の入学式に行ったら、華やかな服装に身を包んだ親子の「幸せオーラ」に圧倒され、「こんな場所に自分なんかがいてはいけない」と、僕はたった5分で入学式の会場を出てしまいました。

「話し方」を知ったことが僕の人生を変えた

こんな僕が東大に入り、「そんなに話がうまいわけでもないのに、不思議と説得力がある」人たちに出会ったのは、まさしく人生最大の「発見」でした。

「人とうまく話せない自分でも、この力があれば大丈夫かも！」

そして直感通り、結果的にこの発見が、僕の人生をガラッと変えてくれました。

多くの東大卒業生にとっては、学位や知識やネットワークが「東大を通して得られた財産」かもしれません。でも僕にとっては、それが「話し方」だったのです。

みんな「話し方」に悩んでいる

大学を卒業して就職し、社会人3年目で起業するころには、「20年近く悩んできた劣等感」は、影をひそめていました。

僕が30代も半ばになったあるとき、友人の経営者から「就職活動の面接を控えた若者に、社会人経験を踏まえてアドバイスをしてほしい」という依頼を受けました。

その友人は、不登校経験者への就職支援活動をしていました。

会場に行くと、「人と話すことができず、家を出ることも思うようにいかない」という方々がいました。

テーブルごしに話すと、参加者それぞれ、手のひらにべったりと汗をかいているのを感じて、僕は「きゅっ」と胸がつまる思いでした。

全身汗びっしょりで服を濡らし、ハンカチで顔をしきりに拭きながら人と話すその姿は、かつての僕の姿そのものだったのです。

「緊張しないようにと思うほど、全身の温度が上がり、逆にテンパってしまう」。

そんな心情が手にとるようにわかります。

ふと、20年間悩み続けた自分の感覚がよみがえってきました。

僕は、当初用意していた進行を大幅に変更し、自分の幼少期の話から入りました。

そして、話し方についてレクチャーした後、一緒に面接の練習をしました。

終わった後のみなさんの笑顔を見て、このときほど話し方の「しくみ」を身につけていてよかった、と思ったことはありませんでした。

人はお互いに助け合って生きている

僕たちは「人を動かさずには生きていけない」世の中に生きていますが、裏を返すと、「人はお互いに助け合って生きている」ということになります。

20年間悩んでいたときも、周囲のやさしい人たちに支えてもらって、何とか生きてこられました。

僕自身、多くの人達に助けていただいているからこその「今」があります。

本書も、多くの方に助けていただき、何とか形になりました。

まずは、人生を共にしてくれている妻へ。口ベタで言いたいことがうまく言えない僕を受け入れてくれて、毎日幸せに生きることができています。本当にありがとう。

TOR.iX株式会社のメンバー、そして仕事でご一緒しているお客様。皆さんとのディスカッションが、本書のアイデアにつながりました。心から感謝申し上げます。

「無敗営業オンラインサロン」会員の岩田 浩史さん、大堀英久さん、片山武さん、神谷紀彦さん、崎川真澄さん、桑原悠さん、大池牧子さん、小堺亜木奈さん、佐藤和世さん、七條貴子さん、菅野裕一朗さん、瀬尾康一さん、高木智史さん、高橋幸一さん、竹林義晃さん、中野晴康さん、西山竜登さん、塙昇さん、早川隆子さん、林田絵美さん、藤原悠兵さん、前田浩貴さん、松島裕樹さん、宮坂和宜さん、諸岡宏一さん、渡邉詩子さん、貴重なフィードバックありがとうございました。

また、西山恒玄さん、森崎沙友子さん、寺田ナオさんには、この原稿をまとめるにあたって、数々のコメントを頂きました。お礼をお伝えしたいと思います。

そして、ダイヤモンド社の編集者、石塚理恵子さんには、企画から内容に至るまで、本当にお世話になりました。石塚さんのおかげで新しい自分が発見できました。

最後に、改めてお伝えしたいのは、「天性のコミュ力がなくとも、『しくみ』を使えば人に動いてもらう話し方はできる」ということです。

僕は20年ほど、教育事業に携わっています。悩んできた時期が長かった分、「できなかったことができるようになる喜び」を、多くの人たちと分かち合えたらいいなと思っています。

「うまくいかない悩み」が大きいほど、その分「できるようになったときの嬉しさ」は大きくなります。

この本が、みなさんの生きる喜びにつながりますように。

最後までお読みいただき、本当にありがとうございました。

TORiX株式会社　代表取締役
高橋　浩一

参考文献

『影響力の武器[第三版] なぜ、人は動かされるのか』
ロバート・B・チャルディーニ(著) 社会行動研究会(翻訳) 誠信書房
『「こころ」はいかにして生まれるのか 最新脳科学で解き明かす「情動」』
櫻井 武(著) 講談社
『脳はなにかと言い訳する――人は幸せになるようにできていた!?』
池谷 裕二(著) 新潮社
『進化しすぎた脳――中高生と語る「大脳生理学」の最前線』
池谷 裕二(著) 講談社
『史上最強カラー図解 プロが教える脳のすべてがわかる本』
岩田 誠(監修) ナツメ社
『ニュートン式 超図解 最強に面白い!! 脳』
久保健一郎(監修) ニュートンプレス
『ビジュアル図解 脳のしくみがわかる本 気になる「からだ・感情・行動」とのつながり』
加藤俊徳(監修) メイツ出版

［著者］
高橋浩一（たかはし・こういち）
TORiX株式会社代表取締役。東京大学経済学部卒業。幼少期からコミュニケーションが苦手だったが、東大在学中に、“口ベタ”でも伝わる話し方の「しくみ」に気づき、独自に研究、実践を重ねた。大学卒業後、ジェミニコンサルティング（後のブーズ・アンド・カンパニー）を経て、25歳でアルー株式会社を創業（取締役副社長）。同社の上場に向けた事業基盤と組織体制を作る。2011年、お客様から「イエス」をいただく仕事において、かつての自分同様、話し方、伝え方に困っている人たちの役に立ちたいという思いからTORiX株式会社を設立、代表取締役に就任。8年間、自らがプレゼンしたコンペの勝率は100%という「無敗」の経験を基にしたメソッドが好評で、年間200件以上の講演や研修に登壇、4万人以上の営業強化支援に携わる。著書に『無敗営業～「3つの質問」と「4つの力」』（日経BP）などがある。「無敗営業オンラインサロン」を主宰している。

TORiX株式会社HP：https://www.torix-corp.com/
Twitter: @takahashikoichi

「口ベタ」でもなぜか伝わる
東大の話し方

2023年２月14日　第１刷発行

著　者——高橋浩一
発行所——ダイヤモンド社
〒150-8409　東京都渋谷区神宮前6-12-17
https://www.diamond.co.jp/
電話／03･5778･7233（編集）　03･5778･7240（販売）

装丁————小口翔平＋阿部早紀子(tobufune)
本文デザイン—荒井雅美(トモエキコウ)
図版デザイン—荒井美樹
DTP————アーティザンカンパニー株式会社
校正————鷗来堂
製作進行——ダイヤモンド・グラフィック社
印刷————三松堂
製本————ブックアート
編集担当——石塚理恵子

ISBN 978-4-478-11624-1